Creando Empresas

...Fabulosas

...Como crear, reinventar y financiar empresas de alto impacto

2da edición 2008

Otros títulos de Alicia Castillo Holley

Castellano:

Cómo hacer un plan de empresas espectacular (2002, 2005, 2007)

Info guru (2007)

Enamórate de tu vida (2005, 2008)

Inglés:

The Ten Unwealthy Habits (2006, 2008)

Falling in love with your life (2008)

How to fund your million dollar idea (2008)

Alicia Castillo Holley

Creando Empresas

...Fabulosas

... como crear, reinventar y

financiar empresas de alto impacto

Ventures Latinas LLC es una empresa dedicada a la promoción de herramientas de gestión para fomentar el emprendimiento, la innovación y las inversiones por capital de riesgo. Ventures Latinas LLC es una empresa del Alicia Castillo Wealthing Group. **www.wealthing.com**

www.ventureslatinas.com
www.creandoempresasfabulosas.com

Dedicado a:

Aquellos soñadores que mantienen las economías ágiles y vibrantes.

Armando Travieso, cuya trágica muerte en Venezuela en un asalto doméstico desencadenó una serie de acciones que eventualmente dieron origen a la Beca en su nombre. Yo tuve la fortuna de ser la primera becada. Este libro es solo un pequeño legado del esfuerzo del grupo de exalumnos de Babson College en darme la oportunidad de crear sueños que se van en bandadas a viajar a otros lugares. Armando, gracias. Parte de las regalías de este libro seguirán financiando programas de educación en emprendimiento para latinoamericanos.

Daniel y Sara, mis hijos, que han sobre-vivido los altos y bajos de una mamá emprendedora.

Los cientos de clientes y miles de participantes en mis cursos que han ofrecido generosamente sus experiencias y desafiado mis conclusiones.

Al equipo de Ventures Latinas en Chile, especialmente a María de los Ángeles Romo y a Silvana Flores quienes nos acompañaron cuando iniciamos actividades.

A los trece inversionistas ángeles que creyeron en un modelo de financiamiento de empresas de alto impacto y nos brindaron mucho más que dinero inteligente para construir el primer fondo de capital semilla privado en Chile.

Contenido

Lista de ejercicios

Parte I. Crear empresas fabulosas

Parte II. Reinventar empresas existentes

Parte III. Financiar empresas fabulosas

Parte I.

Creando empresas fabulosas

En este capítulo explicaremos cómo **cuando sentimos pasión por lo que hacemos** podemos crear empresas fabulosas.

Las empresas no toman decisiones, las personas sí. **Todo parte por el individuo.**

Algo mágico sucede cuando nos damos cuenta de que podemos crear lo imposible. Cada minuto que usamos en repartir riqueza es un minuto perdido en crearla.

Empresas fabulosas

El tema del emprendimiento me conquistó cuando tuve el privilegio de estudiar en Babson College, a mediados de los 90, en una pequeña ciudad cercana a Boston, llamada Wellesley. Antes de mi llegada allá, no tenía ni idea de lo que era el emprendimiento. Estudiar allí me abrió un mundo de posibilidades y me permitió dedicar gran parte de mi vida profesional al tema.

Creando empresas fabulosas es una recopilación organizada de temas que mejoran la toma de decisiones en emprendimientos. Este libro recoge más de una década de experiencia y cientos de ejemplos de casos reales en diversos países, la mayoría latinoamericanos.

Existen muchos libros enfocados a expandir mercados y aumentar ventas, pero pocos que apoyan decisiones estratégicas y dan herramientas prácticas.

He decidido enfocarme en el individuo pues las empresas no toman decisiones, las personas sí. Detrás de toda empresa hay un ser humano, o un grupo de seres humanos, que toman decisiones y actúan constantemente. Al entender a las personas y enfocarnos en ellas, podemos lograr resultados extraordinarios. El crear y manejar una empresa requiere de mucha energía y esfuerzo. Si logramos dar herramientas que balanceen los desafíos con la inspiración y el esfuerzo, estaremos haciendo el sistema de emprendimiento mucho más eficiente.

La sección de recursos se dedica al financiamiento de empresas emergentes, haciendo hincapié en explicaciones sencillas y concretas que permiten entender las bases de esa caja negra llamada finanzas. Muchos emprendedores evitan aprender del manejo financiero, conduciendo a un desastre casi seguro y a un mal manejo de las posibilidades.

Después de haber fundado varias empresas, compartido éxitos y fracasos y reflexionado con otros colegas emprendedores e inversionistas he llegado a la conclusión de que tanto esfuerzo solo puede valer la pena si nos enfocamos en crear no empresas, sino empresas fabulosas.

A los 6 meses de publicación, después de dar varias charlas y entrevistas sobre el alcance de este libro, decidí incorporar ejercicios que permitieran aplicar lo que explico. Estos ejercicios resumen en gran parte los talleres que realizamos en todo el mundo, pero han sido adaptados a la cultura latinoamericana.

Particularmente no creo en empresas pequeñas, no me permiten balancear mi estilo de vida con mis ingresos. Crear una empresa de alto impacto no es MUCHO más difícil que crear una pequeña empresa, sin embargo, los resultados son muchísimos más satisfactorios para todos. El cambio del enfoque de pequeñas empresas hacía emprendimiento es fascinante.

Creo que todos, absolutamente todos nos beneficiamos cuando las empresas crecen, independientemente del tamaño que tengan. No necesitamos más recursos, ni más tiempo ni más dinero, necesitamos pensar diferente.

Termino esta nueva edición en una región remota en un pequeño pueblo en Australia, donde estamos desarrollando el espíritu emprendedor, porque todos los países necesitan emprendimiento para su desarrollo económico.

Manos a la obra...
Alicia Castillo Holley
Halls Creek, Septiembre 2008

Emprendimientos fabulosos

Emprender va mucho más allá de crear una empresa, más bien implica crear riqueza, diseñando e implementando planes que incluyan innovación y creatividad.

Este capítulo discute herramientas a desarrollar para gatillar el emprendimiento a nivel de comunidad y de individuo.

Existen factores que promueven o inhiben el emprendimiento. Podemos aplicarlos a nivel social o individual para que se tomen acciones concretas.

El manejo de oportunidades se basa en el individuo y su sentido único y distintivo de emprendimiento. En este sentido cada oportunidad es diferente para cada persona.

Creatividad, innovación y emprendimiento

Parte del romanticismo hacia el emprendimiento es la creencia de que los emprendedores son creativos, innovadores, lanzados, tomadores de riesgos. Todo esto implica una alta autoestima y determinación. Me molesta muchísimo la interpretación de que los emprendedores son sobrenaturales, por esto, he buscado la manera de romper con esta percepción y dar ideas más claras para beneficio de todos. En realidad, la creatividad, la innovación y el emprendimiento tienen significados diferentes.

Nos gusta la creatividad sencillamente porque es entretenido. Nos reconectamos con el puro y simple placer de hacer algo que no existía antes. Cuando estamos "ocupados" creando, nos olvidamos de nuestros problemas. Sencillamente "somos". Nuestra parte infantil aflora, nos conectamos con nosotros mismos y sencillamente disfrutamos. Nuestra energía fluye de adentro hacia fuera y deja huella, el resultado de nuestra creatividad es y se forma como una parte de nosotros que se extiende fuera de nuestro cuerpo. La creatividad también vive en un vacío de tiempo y propósito. Disfrutamos ese momento porque no tenemos expectativas y son sentimos libres.

El peor enemigo de la creatividad es una buena idea. Cuando pensamos que encontramos "la idea" dejamos de crear, de buscar y comenzamos a racionalizar. Esto limita nuestra capacidad de seguir buscando. Las personas entrenadas en creatividad saben que hay un punto muerto, una barrera, en la pensamos que no tenemos más opciones. Superando esta barrera se logran resultados increíbles. A veces, para superar esa barrera, es necesario contar con lo que se llama un período de incubación: es necesario parar, distraerse y retomar la idea un tiempo después. La mejor opción sin embargo, es tomar las ideas y modificarlas. Esto revigoriza y estimula nuestra creatividad. Si Ud. ha alcanzado una buena idea, no se detenga, las mejores vienen después.

Por otro lado, nos gusta la innovación porque implica progreso. Innovar implica cambiar. Para cambiar necesitamos una referencia, unos parámetros o restricciones, una estructura y un presente: lo que es. Cuando innovamos consideramos una estructura presente. Cuando hacemos cosas de una manera diferente, también estamos creando pero con un propósito en mente. Comparado con la creatividad, nuestro disfrute no cambia. Sin embargo, no nos sentimos satisfechos hasta que no logramos alcanzar nuestro objetivo: lograr un resultado por un camino diferente. El cambio No es el objetivo, es el proceso. Por estas razones innovar tiene mucha menos fuerza como manera de expresarnos que crear.

Finalmente es necesario explicar en detalle el concepto de emprendimiento o emprendedurismo, uno de mis temas favoritos. Yo no considero que emprender sea crear una empresa, sino crear riqueza. Pensamos que los emprendedores deber ser creativos pues deben tener algo personal que ofrecer. También consideramos que los emprendedores son innovadores, porque encuentran otras maneras de resolver problemas. En realidad, la mayoría de las empresas son burdas copias, y la mayoría de los llamados "emprendedores" se han "comprado" o "creado" un trabajo. La mayoría de los emprendedores se hacen "haciendo", no con una fórmula mágica que ocurre una vez sino con un sistema continuo de adaptación.

Lo que realmente hacen los emprendedores es tomar innovaciones y explorar cómo pueden agregar valor a otros, capturar parte de ese valor en forma de riqueza o prosperidad y compartirla con otros: clientes, empleados, proveedores, la comunidad y hasta el estado (léase impuestos).

Me gusta mi enfoque de que el emprendimiento es la creación de riqueza, pues así las economías se hacen más prósperas. No se trata de hacerse rico, repartiendo la misma torta de riqueza, se trata de crear una riqueza que no había antes. Esto es emprender. Sin la noción de emprendimiento o creación de riqueza, la creatividad y la innovación no encuentran un lugar en el mercado.

Emprender es crear prosperidad en nuestras comunidades, y actuar en base a esta manera de pensar. Hay muchas herramientas y procesos que capturan las metodologías que usan los emprendedores que crean riqueza. No es un arte y no es una ciencia. Es el esfuerzo consciente de tomar un producto o servicio y encontrar su mayor valor. Esta es realmente la esencia del emprendedor/a.

Entender que la creatividad e innovación no son suficientes para crear riqueza y reconocer que hay un valor potencial esperando ser creado o descubierto está dentro del campo del emprendimiento. Para lograr crear riqueza, los emprendedores estudian, planifican y toman acciones, y finalmente, se adaptan a las condiciones que encuentran una vez que el plan se está ejecutando.

No es casualidad que pensemos que emprender está relacionado con creatividad e innovación, pero son conceptos diferentes e independientes. Cuando no se tiene nada, se crea. Cuando se tiene un presente no deseado, se innova. Cuando se desea crear riqueza, se le dá una oportunidad a la creatividad e innovación. No se necesitan recursos financieros para crear riqueza, se necesita creatividad e innovación. Es pensando y actuando, descubriendo conscientemente, donde las creaciones o innovaciones tienen su mayor valor percibido, que los emprendedores construyen su prosperidad (y la de muchos otros).

Crear riqueza trasciende lo obvio, y forma nuevas propuestas de valor.

A veces utilizamos las innovaciones para mejorar lo que hay, pero es más probable que los mejores resultados los obtengamos del puro y simple ejercicio de crear riqueza.

Si usted desea ser emprendedor, ejercite su mentalidad emprendedora. Por ejemplo, practique y explore cómo puede mejorar lo que existe; lea, discuta, reflexione sobre lo que Ud. puede hacer. Esto ayuda a ejercitar el músculo del emprendimiento.

Los emprendedores buscan crecer constantemente, como veremos en el capítulo de reinvención de empresas. En algún momento se dan cuenta de que el dinamismo del mundo es creado por ellos mismos. Pasan de ser espectadores a ser actores de sus vidas, inspirando a otros; promoviendo el cambio a pesar de la incertidumbre, manejando riesgos y apoyando el desarrollo económico y personal en paralelo.

Ejercicios de esta sesión:

Esta sesión está diseñada para desarrollar creatividad, innovación y emprendimiento. Creatividad es el proceso de creación de ideas a partir de la nada. Innovación es el proceso de mejoramiento de lo que existe con un propósito definido. Emprendimiento es el proceso de aprovechamiento de oportunidades para crear riqueza.

Ejercicios para fomentar la creatividad:

1. Invente una palabra, explique su significado.

2. Describa un color en forma de textura y emociones.

3. Cree un dibujo de 5 líneas que exprese una situación.

4. Utilice estos estados de ánimos para componer una melodía o un par de pasos de baile: Sorpresa - Terror - Éxtasis - Calma - Guaxti

5. Establezca un diálogo imaginario entre dos personas ficticias, identifique el nombre, el país de origen, el género y la edad, la ocupación y (aquí está lo más interesante) asigne a cada persona una característica que Ud. detesta y una que Ud. admira.

6. Componga un poema describiendo los principales estados financieros (ver página 127).

7. Camine 25 pasos con los ojos cerrados y describa lo que percibe en su trayectoria en voz alta.

Ejercicios para fomentar la innovación:

1. Describa un proceso que utilice diariamente, paso a paso. Cambie el orden de los pasos, o elimine uno y estime el impacto en el resultado.

2. Rompa la cáscara de un huevo duro sin usar los dedos o alguna herramienta.

3. Busque 2 servicios o productos que no hayan sido de su agrado y describa lo que deberían cambiar para convencerlo de adquirirlos.

4. Pregúntele a un colega cómo puede mejorar su trabajo y vuelva a preguntar por qué a cada sugerencia 5 veces.

5. Establezca 5 variantes de un producto o servicio que ofrezca su empresa. Identifique el cliente objetivo para cada una de estas variantes, y prepare una lista comparativa entre ellos.

6. Tome lo primero que consiga en su escritorio, bolso o bolsillo de mano. Identifique dos criterios para mejorarlo para ser usado por zurdos y ciegos.

7. Dibuje el plano de una casa y modifíquelo para personas obesas, muy altas (2 metros de altura) o muy bajas (1 metro de altura).

Ejercicios para fortalecer el emprendimiento:

1. Identifique 2 características de servicios en estos mercados que lo convencieron para adquirirlos:
   a. Peluquería.
   b. Cuenta de email.
   c. Teléfono móvil.

2. Ahora identifique UN cambio en estos servicios que haría que Ud. pagara el doble por ellos.

3. Desarrolle un slogan (2-5 palabras), precio y lugar de venta (el tipo de distribución) de una empresa que venda ilusiones.

4. Ayude a María y José a vender sus zapatos voladores en los siguientes mercados:
   a. Construcción.
   b. Defensa y servicios militares.
   c. Entretenimiento.
   d. Turismo.
   e. Deportes.
   f. Invente otro mercado: _____.

5. Ud. ha hecho un excelente trabajo y María y José lo contratan como gerente general. Desarrolle un diálogo de al menos 4 interacciones para convencer a las siguientes personas de establecer relaciones comerciales con la empresa:
   a. Su papá, como inversionista (¡recuerde que allí se le va la herencia!).
   b. El gerente de ventas de un supermercado a quien desea contratar.

c. El dueño de un local de producción de asfalto, que desea subcontratar para su producción.
d. La directora de un colegio que promueve el deporte, como cliente.
e. El gerente de una incubadora de negocios, como asesor gratuito o casi gratuito.
f. El ejecutivo del fondo de innovación de su región o estado, que es parte del panel seleccionador del programa de apoyo a empresas innovadoras por un monto de 5 a 25 mil dólares o su equivalente (que entrarían como ingresos para la empresa)

La creatividad e innovación no son suficientes para crear riqueza. Reconocer que hay un valor potencial esperando ser creado o descubierto está dentro del campo del emprendimiento.

Cuando no se tiene nada, se crea.

Cuando se tiene un presente no deseado, se innova.

Cuando se desea crear riqueza, se le da una oportunidad a la creatividad e innovación.

No se necesitan recursos financieros para crear riqueza, se necesita creatividad e innovación.

Creando comunidades emprendedoras

Recuerdo un chiste bien simpático entre el inteligente y el bruto de la escuela, que se encuentran varias décadas después caminando por la calle un día cualquiera. Al reconocerse se abrazan emocionados y se van a tomar algo y a contarse las vueltas que les ha dado la vida. El inteligente comenta que sí, efectivamente, tiene tres PhDs, trabaja en una Universidad y ha generado cientos de trabajos de investigación sobre los movimientos químicos de los fosfolípidos entre los cloroplastos y los amiloplastos en varios órganos vegetales. El bruto comenta que de acuerdo a lo esperado, no terminó la secundaria y se dedica a vender al por mayor ropa que importa de China. También reconoce que aún no puede reconciliar su chequera y tiene un contador que lo ayuda. Al final, dice sonriendo un poco avergonzado, uno aprende a vivir con poco. Compro camisas a $10, las vendo a $20 y me conformo con ese 2 %.

Como todo chiste, esa sorpresa refleja una paradoja interesante: los inteligentes se pierden en un mundo teórico y los brutos se dedican a los negocios.

Veamos ahora cómo esto afecta nuestra capacidad de innovar. Como vimos anteriormente innovar no es una consecuencia de la creatividad. Creamos por disfrute, libremente, sin comparar, sin propósito. Por eso cantamos cuando nos bañamos, pintamos sin sentido de la perspectiva y bailamos sin ritmo. Innovamos porque necesitamos un resultado diferente al esperado. Cuando creamos somos felices y no hay comparación posible. Cuando innovamos tenemos un punto de referencia y un propósito.

La importancia de innovar es conocida por todos. Gracias a las innovaciones disfrutamos más. Gracias a la capacidad innovadora, somos más eficientes, por eso, a pesar de que el precio del petróleo ha aumentado casi 8 veces del 2002 al 2007, ha habido una prosperidad internacional nunca vista. El 2006 y el 2007 han sido los únicos años en la historia de la humanidad en que todos los países han estado creciendo en términos económicos, sin superinflación ni recesión. Sí es cierto que aún hay pobreza, pero los niveles de pobreza de este siglo no se comparan con los niveles de pobreza del siglo anterior. La clase media se ha beneficiado en todos los niveles en todos los países. Tenemos acceso a más bienes y productos a precios más razonables. Esto no tiene discusión. Son los emprendedores quienes han contribuido a crear esta riqueza y esta abundancia de ofertas. Sin emprendimientos, las innovaciones pasan desapercibidas y no damos el suficiente respeto a los innovadores. ¿Qué tenemos que cambiar para maximizar el impacto de las innovaciones?

Veamos el país que más respeto tiene por las innovaciones, Estados Unidos de América. Allí se combinan factores externos, producto del desarrollo social, e internos, producto del desarrollo individual, con un par de herramientas poderosísimas. Los factores externos son: el respeto por la propiedad intelectual, el deseo de aprender y la percepción de la autodeterminación. Los factores internos son: el fortalecimiento del control interno, la incorporación de conocimiento externo, el establecimiento de redes y el mejoramiento continuo. Finalmente existen dos herramientas adicionales que contribuyen al beneficio económico y social en la comunidad, partiendo por el papel del emprendedor en su contexto: el networking o formación de redes y la ley de reciprocidad.

He aplicado herramientas para fortalecer estos factores para crear mis empresas e influenciar las comunidades donde me relaciono. Mis clientes han desarrollado o adaptado estas herramientas con excelentes resultados. El objetivo de compartirlos es el demostrar que podemos utilizar estos factores para crear cambios socio- económicos con resultados fabulosos. Cuando usamos estas reflexiones con el fin de quejarnos, estamos obviando una parte importantísima del espíritu emprendedor: el crear nuevos mundos, el crear nuevas comunidades.

Factores externos

Los factores culturales críticos que fomentan el emprendimiento en una comunidad son compartidos y resguardados por muchos miembros de esa comunidad, no por algunos individuos.

Las comunidades emprendedoras fomentan:

- El respeto por la propiedad intelectual.

- El deseo de aprender.

- La percepción de autodeterminación.

Veamos cada uno de estos tres factores:

Respeto por la propiedad intelectual: En Estados Unidos es difícil robar ideas, es más, se considera innecesario. Hay un respeto casi paranoico por lo que es hecho por los demás. Esto va desde los dibujos infantiles hasta las personas que caminan detrás de las cámaras en las noticias, hasta recetas de cocina. A nadie se le ocurre copiar a otro sin permiso. Mas aun, es tan importante referir a un experto como serlo. Y la misma cultura se encarga de realzar a los 'gurus'. En mucho otros países, en cambio, no tenemos el cuidado ni el interés de atribuir el conocimiento a quien lo genera. En pocas palabras: somos copiones. En Estados Unidos, hay expertos para todo. Tienen su grupo de seguidores que distribuyen este conocimiento sin aparentar que lo han inventado, sus seguidores no actúan como si fuesen los expertos y reconocen públicamente cuando ese conocimiento no es propio, es mas, a veces se 'certifican'. Si esto no ocurre, los expertos dejarían de crear o de compartir su conocimiento porque no se beneficiarían. El impacto de la falta de respeto por la propiedad intelectual limita su desarrollo en otra forma. Cuando una persona o empresa usa el conocimiento de otros como si fuese propio, crean propuestas vagas, mediocres y con pocas posibilidades de lograr el objetivo. El impacto que tiene la mediocridad afecta a los usuarios.

Deseo de aprender: Estudiar permite el desarrollo individual. Hay una cantidad enorme de grande de personas que estudian permanentemente. Yo misma invierto en cursos constantemente, me siento ávida de aprendizaje. Este interés por aprender no se basa, como decimos en mi país, en el 'papelito' que certifique algo sino en la utilidad del aprendizaje. Desde este punto de vista, el que desea aprender espera y exige una alta calidad. Los estadounidenses son sumamente eficientes y orientados a procesos. En la mayoría de otros países no existe la relación de etapas detalladas para alcanzar un objetivo. Nosotros, los latinos, somos más vagos. Al darme cuenta de esto, cambié mi material de entrenamiento hacia resultados. Hoy en día me molesta muchísimo leer temas vagos como: introducción al no-sé-qué, o alguna de estas generalidades. Me siento motivada a aprender cómo hacer algo y prefiero tener bases como para cambiar algo si es necesario. Cuando el autor del conocimiento lo transfiere, hay un nivel de excelencia insustituible. Como hay tantas copias y los creadores del conocimiento no son los que lo imparten, el aprendizaje es vago. Este cambio es fundamental para los emprendedores, pues los obliga a pensar profundamente y a buscar aprender, asi pueden tomar mejores decisiones, fortalecer su rumbo si sus acciones están dando frutos o cambiarlo si no es asi.

El tercer factor, la **percepción de la autodeterminación** es, culturalmente el que más impacto tiene. Cada persona puede lograr resultados extraordinarios si tiene la convicción de que su destino es el resultado de su propio esfuerzo, no de la suerte. Una comunidad que destaca el esfuerzo sobre la suerte favorece el emprendimiento. Una característica distintiva de los innovadores en Estados Unidos es su completa certeza de que van a ser exitosos por su propio esfuerzo, no por suerte o contactos, sino por contar con un proceso que ellos manejan y que sirve, que es analizado y mejorado constantemente para ser más eficiente. He visto grandes diferencias en como la cultura afecta a la autodeterminación.

Para finalizar, explicaré estos factores contraponiendo cuatro casos de personajes ficticios: Juan y John, y Ana y Anne, en un sistema que apoya (John y Anne) o no (Juan y Ana) el emprendimiento. Uso los nombres en inglés para reforzar que no es una cultura sino una actitud que podemos cambiar en nuestras comunidades para dejar de inhibir a los emprendedores en comunidades latinas.

Si Juan crea un sistema para abrir puertas, lo protege guardándolo, le pregunta solo a sus más íntimos amigos y les pide contactos. Juan espera tener la 'suerte' de encontrarse con alguien que pueda apoyarlo, gasta mucho tiempo fabricando un prototipo con piezas locales, contrata a un consultor para hacer un plan de marketing, quien utiliza información secundaria pero no habla con ninguna persona en la industria para no levantar sospechas. Sin bases claras para producir, integrar y vender su sistema, la idea acaba en el fondo de un cajón cualquiera. Si John crea el mismo sistema, revisa otras alternativas, se compra el libro del experto en el tema, se entrena para manejarse en la industria y contrata a un especialista que le ayude en alguna área especifica: manejo de patentes, producción, promoción y/o ventas. Se lo enseña a otros expertos y sigue un sistema profesional para implementarlo. John prepara su prototipo profesionalmente contratando a una empresa que hace prototipos y tiene muchas más posibilidades de llevarlo a cabo, de desecharlo o de modificarlo. El miedo al robo de ideas es diferente para ambos.

Si Ana establece un proceso de empaque y se lo comenta a su jefe, este lo presenta como propio, Ana se deprime o se frustra, si se queda en la empresa, no vuelve a innovar o compartir sus ideas, o se va a otra empresa. Si Anne establece el mismo proceso, su jefe le ayuda a mejorarlo o le indica si lo va a promover o no y le da sus razones. Anne puede escoger prepararse mejor, buscar apoyo entre sus colegas o universidad o considerar las observaciones de su jefe.

Las repercusiones para las personas, las empresas y la sociedad son obvias. Y así vemos como, el impacto que tienen nuestras acciones repercuten a largo plazo. Cada uno de nosotros tenemos la capacidad de darnos cuenta y escoger cómo actuar para crear un sistema más saludable y así dejar en el pasado a los ignorantes felices y los inteligentes pobres.

El darse cuenta de estas condiciones permite ejecutar cambios en nuestro comportamiento y afectar nuestro entorno inmediato, favoreciendo el emprendimiento mediante el apoyo personal de estas condiciones. No es necesario que un sistema externo tenga que cambiar para lograr un cambio. Al contrario, si personalmente tomemos las acciones para cambiar nosotros y para expandir estos cambios en nuestro entorno estaremos logrando un cambio cultural de alto impacto.

Fomentar el uso y práctica de estos factores es tarea de todos los miembros de una comunidad. Cualquier persona en una comunidad puede iniciar un giro hacia estos factores e impulsar un cambio.

Ejercicios para fortalecer los factores externos:

1. Establezca un círculo de acción con un número limitado de participantes para iniciar y mantener un cambio en su comunidad, en base a decisiones consensuales (todos de acuerdo) no por votación.

2. Discuta y acuerde normas de respeto por la propiedad intelectual de otros.

   a. Genere un sistema de autorregulación y de 'honor' donde los participantes se comprometen a discutir cómo proteger la propiedad intelectual.

   b. Establezca un sistema de exposición de casos y de seguimiento, identificando claramente:

- Normas de lo que se acepta o no (por ejemplo, creative commons[1] acepta copiado de propiedad intelectual SIN derechos comerciales).

- Pasos a seguir en caso de dudas o de reclamos. Premios y castigos para quienes siguen o no las normas del grupo.

   a. Dé el ejemplo (ud. y el grupo). Por ejemplo, no acepte fotocopias ni permita fotocopias de material ajeno si no tiene el permiso legal para hacerlo.

3. Genere una discusión entre los siguientes términos: ética, honestidad y valores morales. Distribúyala en su comunidad.

4. Invite a otros a presentar sus experiencias positivas. Difunda esta información a los miembros de su comunidad.

5. Establezca un círculo de apoyo al mejoramiento continuo.

6. Interactúe con otros grupos alrededor del mundo o cree su propio grupo por internet. Se sorprenderá de los dilemas que compartimos globalmente.

7. Establezca un ciclo de conferencias de temas no conocidos dentro de su comunidad. Asegúrese de dar reconocimiento a todas las fuentes de información.

8. Cree un formato de discusión interactiva que sugiera un debate positivo sobre algún tema que sea de

---

[1] www.creativecommons.org

[2] www.linkedin.com

[3] Como crear un plan de empresas por Alicia Castillo Holley.

[4] Ver estado de resultados en la sección de finanzas.

importancia para la comunidad. Apoye la expresión de posiciones totalmente diferentes.

9. Celebre los éxitos ajenos públicamente. Separe el resultado de la suerte.

10. Explore los fracasos públicamente. Facilite el intercambio de opiniones que ofrezcan soluciones diferentes. Fomente el aprendizaje a partir del fracaso.

Factores internos

Definitivamente estamos viviendo una época maravillosa para emprender. Ahora, más que nunca, tenemos acceso a los recursos (tiempo, dinero, experiencia, conocimiento, contactos) en cuestión de minutos, haciendo mucho más eficiente la labor de crear riqueza.

Los factores internos que definen el éxito de los emprendedores han ido cambiando con el tiempo. Durante un tiempo, el linaje era un factor de éxito. Si uno no había nacido en la familia adecuada, la capacidad de emprender estaba muy limitada por la falta de acceso a recursos y contactos. Algunas personas se caracterizaban por su capacidad de influir, inspirar o seducir a personas de las familias reales o feudales. Otros optaban por utilizar la religión para desarrollar innovaciones (al alero de las ciencias y las artes) y crear prosperidad. La mayoría de las personas, sin embargo, estaba bien limitada. Mientras unos preguntaban: ¿por qué yo no nací en una familia real? Otros se preguntaban: ¿Cómo puedo influenciar a los que nacieron en una familia real?

Después llegó la revolución de la escritura. La educación era más accesible a más personas. Algunos se caracterizaban por su capacidad de observar y analizar, por sus razonamientos intrigantes o por sus aptitudes artísticas. Las limitaciones eran menores y el conocimiento comenzaba a distribuirse. Las innovaciones surgían de un lado y otro. Muchos se preguntaban: ¿Por qué no se me ocurrió antes? Otros se preguntaban ¿Cómo puedo entender, mejorar o cambiar esto?

Posteriormente nos alcanzó la revolución de las comunicaciones (antes de Internet) y pasamos a ver otros mundos por las observaciones de terceros, a buscar fortalecer los lazos para tener un 'contacto'; un punto de apoyo que nos hiciera pensar que ahora sí sabíamos hacer las cosas. Las limitaciones se basaban en conocer y ser conocido: "No es lo que tú sabes, sino quién sabe que tú sabes lo que sabes". Algunos se preguntaban: ¿Cómo puedo sacarle el máximo provecho a mis contactos? Otros se preguntaban: ¿Cómo puedo ayudar a mis contactos?

Y así llegamos a la época actual, después del despegue, caída y reinvención de internet. Ya no es la familia, la educación, la religión, o los contactos. Entre el 2006 y el 2007 vivimos en una era de prosperidad nunca antes vista. Todos, absolutamente todos los países del mundo estuvieron creciendo económicamente durante estos dos años. Las barreras geográficas son cada vez menos importante. Nos podemos conectar instantáneamente con millones de personas. Algunos siguen pensando: ¿Por qué yo nací aquí o así? ¿Por qué no se me ocurrió esto antes? ¿Cómo puedo sacarle el máximo provecho a mis contactos? Otros siguen creciendo, innovando y aportándole al mundo. ¿En qué lado quiere estar Ud.?

Es bien sabido que los emprendedores tienen un alto sentido interno de control. Es por esto que ellos en cualquier circunstancia se preguntan ¿Qué puedo hacer al respecto?.

Hoy en día sobran las oportunidades. Internet nos permite generar ingresos de una manera nunca antes posible, compartir con otros en lugares remotos, conectarnos, aprender, contribuir, reflexionar, y disfrutar de una manera nunca antes posible ni imaginable. Veamos algunos datos: El comercio por internet crece anualmente en un 88%. Más personas compran que venden. En el 2007, se estimaba en 110 millones el número de personas con acceso a internet en Latinoamérica, este numero aumentaba en un 330% anual. Ese mismo año se estimaba en que el mercado de e-commerce en servicios era de 8 billones (si $8.000.000.000.000) de dólares en Estados Unidos solamente. De estos, casi el 30% eran servicios de información, de estos 18% son contenidos. O sea, 432 mil millones de dólares, que son pagados por productos de información. La mayoría son captados por personas que crean conocimiento. Los productos o servicios del mercado del conocimiento transferido virtualmente pueden desarrollarse en casi cualquier parte del mundo.

Mientras unos se preguntan ¿Por qué Google tiene éxito? ¿Por qué nadie me ayuda? Otros se están preguntando ¿Cómo puedo aprovechar las ventajas de internet para ser exitoso emprendiendo? y están tomando acciones al respecto.

Yo parto de que todo comienza por las personas, por involucrar a cada individuo para lograr resultados. Por eso quisiera invitarle a reflexionar qué están haciendo HOY las personas que están teniendo éxito creando riqueza. Y llevar esta reflexión a si mismo: ¿qué estoy haciendo YO hoy?

Estas personas se han dado cuenta de que sus acciones afectan positivamente a otros en su comunidad, fomentando el comportamiento emprendedor. Ellos actúan como fuente de inspiración y liderazgo invisible. Por ejemplo, piense en algún emprendedor/a que admire. Es muy probable que no lo conozca personalmente. A esto me refiero con liderazgo invisible. Las personas que nos inspiran irradian una energía esperanzadora que proviene de su pasión y determinación por lograr un sueño que nos pareciera inalcanzable. No es logrando lo predecible que inspiramos, sino lo que nos sorprende, lo que nos parece fuera de lo común.

Un emprendedor exitoso actúa de manera diferente al común de las personas. Por ejemplo, busca enfocarse en las soluciones, y no en los problemas; prefiere contar con personas que lo desafíen, y no que lo adulen; y buscan el crecimiento continuo, mediante el aprendizaje y la expansión de redes, y no la estabilidad.

No logramos llegar a la luna si no pensamos en esto primero. Es impredecible, parece inalcanzable. Ese es el sentido de inspiración que tienen los emprendedores. No es haciendo una pequeña empresa sino transformando un sueño en cientos de miles de empleos, productos o servicios novedosos y riqueza que se comparte, a los empleados, a los accionistas, a los proveedores, a la comunidad, y al estado. No es posible crear riqueza sin compartirla, y cuando pensamos en grande, necesariamente incorporamos a otros. Si volviendo a nuestra analogía, planificamos llegar a la luna y no logramos, es muy probable que quedemos flotando en las estrellas. Esto es muy diferente que soñar y alcanzar llegar a algún sitio al otro extremo de su ciudad. Piense en grande.

Numerosos estudios indican que los emprendedores de alto impacto tienen grandes sueños y actúan al respecto, lo que falta en la literatura es un detalle más específico de factores que van desarrollando a medida que pasa el tiempo.

He llegado a la conclusión de hoy en día, solo existen cuatro factores que distinguen a los emprendedores de alto impacto de otras personas. Todos estos factores se aprenden, se adquieren y se inhiben. Un solo individuo con el deseo de fomentar el emprendimiento en su comunidad, puede desarrollar actividades que fomenten un comportamiento emprendedor como destacamos posteriormente.

Las personas que fomentan comunidades emprendedoras:

- Refuerzan el control interno.

- Incorporan conocimiento externo.

- Aprenden constantemente.

- Crean redes.

- Involucran a otros en sus éxitos.

Reforzar el control interno: crecemos pensando que nuestros padres o representantes tienen cierto control sobre lo que podemos o no hacer. En algún momento de nuestras vidas, comenzamos a tomar conocimiento de que podemos escoger. Pensamos siempre en ser exitosos pero no en fracasar; sin embargo, más que nuestros aciertos y errores, es nuestro aprendizaje lo que nos permite desarrollarnos e identificarnos. Los emprendedores saben que no controlan sus circunstancias. Ellos actúan pensando que pueden influenciar su entorno, siempre partiendo de sus acciones y de su libre determinación de pensar por si mismos. más que en la suerte, o en los factores fuera de su control, cuando se enfrentan a situaciones adversas piensan: ¿qué puedo hacer al respecto? Asi, mantienen la percepción de que controlan su destino. Hacer esta pregunta ¿Qué puedo hacer al respecto? O ¿Qué puedes hacer al respecto? Es un gatillador muy poderoso de la autoestima.

Incorporar conocimiento externo: crear o desarrollar una empresa de alto impacto no es posible sin aprovechar los conocimientos generados por otras personas. El dinamismo de los mercados implica que no es posible crear todo el conocimiento que requerimos a la velocidad que necesitamos por nuestra propia cuenta. Incluso empresas globales que cuentan con presupuestos multimillonarios para crear nuevos productos y servicios, incorporan continuamente conocimiento externo. Las empresas de alto impacto se caracterizan por permitir a sus empleados usar parte de su tiempo en investigar, aprender, evaluar, discutir innovaciones y cambios tecnológicos. Todas estas actividades se realizan con la intención de crear riqueza: de disminuir los costos o aumentar el valor percibido, mejorando la oferta a los clientes y usuarios, asi como también las posibilidades de crecer profesionalmente. En este sentido cualquier persona, independientemente si trabaja para una empresa propia o no, puede convertirse en emprendedor. Los casos de interés personal en temas específicos son mucho más comunes que los casos de programas sistematizados. Un individuo que promueva la discusión de conocimiento externo es una fuente inagotable de ideas y creatividad para su comunidad. Esto contrasta con la actitud de autoreferencia o de aislamiento que se presenta en los medios de comunicación donde se asume que el emprendedor logra cosas solo y sin considerar las opiniones de los demás. Esto NO representa la realidad de los emprendedores de hoy en día. La incorporación del conocimiento externo permite alcanzar metas imposibles de otra manera. En este sentido me gusta mucho el proverbio árabe: Si quieres ir rápido vé solo, si quieres llegar lejos vé acompañado. El surgimiento de grupos virtuales sociales con intereses específicos permite aprovechar conocimiento y experiencia de expertos y futuristas que generosamente contribuyen por el solo placer de intercambio intelectual.

La metodología de innovación abierta, en la que se promueve la colaboración activa para beneficio de más de una persona o empresa, está siendo cada vez más popular en empresas de alta tecnología. Los sistemas de código abierto, tipo lunix y apache, entre otros softwares, permite avances dramáticos en la programación. A inicios del 2008, tuve la oportunidad de supervisar un grupo de programación para una empresa cliente. El manejo virtual, instantáneo, global y cooperativo de los programadores me sorprendió. Prácticamente creábamos redes de conexiones entre subprogramas y mini codificaciones desarrollados en cualquier parte del mundo en forma casi instantánea.

El sistema de protección selectiva de propiedad intelectual, desarrollado por estudiantes de leyes de la Universidad de Yale en Estados Unidos, permite colaborar legalmente y fortalecer la innovación abierta. Muchos creadores de propiedad intelectual están utilizando este mecanismo para colaborar con el desarrollo global, seleccionando el sistema de compensación que les acomode. El sitio www.creativecommons.org ofrece información más detallada.

Considerar el mejoramiento contínuo: manejar el mejoramiento contínuo no es una labor fácil. Las empresas necesitan crear procesos para ser eficientes, pero es muy común asumir que los procesos, una vez creados y probados, no requieran de modificaciones. Los emprendedores exitosos consideran metas y procesos, no solo metas. Una de mis autoras favoritas, Carol Dweck, en su libro *Mindset: the new psychology of success*, establece que las personas exitosas analizan su aprendizaje más allá de sus logros. La meta sirve entonces para planificar, para definir acciones a tomar y a descartar. Sin embargo, sin una revisión posterior, no es posible adecuar los métodos a la realidad. Como la realidad es sumamente dinámica, los sistemas deben ser revisados con cierta periodicidad. Si no podemos asumir el riesgo al fracaso, no podemos ejecutar acciones. Si podemos separar el fracaso de un sistema de la valoración de una persona, abrimos un mundo de oportunidades.

Para manejar un sistema de mejoramiento contínuo, considero los siguientes pasos: diseñar un plan de acción, ejecutarlo, evaluarlo, modificarlo si es necesario y volver a ejecutarlo repetidas veces. Una vez al año hay que evaluar los sistemas: que hay que fortalecer, eliminar, cambiar, e incorporar. Hacer evaluaciones constantemente puede complicar el manejo de una empresa grande por eso ellos tienen reuniones estratégicas anuales, para una empresa más pequeña, estas evaluaciones pueden hacerse más a menudo. No planificar el tiempo para hacer evaluaciones debilita la empresa y limita el desarrollo de las personas que trabajan en ella.

Los otros dos factores: la creación de redes y el asegurarse de involucrar a otros es el éxito propio merecen una discusión más detallada.

Ejercicios para fortalecer los factores internos:

1. Describa uno o dos desafíos o fracasos que haya tenido y describa qué otras acciones hubiera podido tomar para alcanzar un resultado diferente.

2. Diseñe un sistema para incorporar conocimiento externo continuamente, incluya cómo va a encontrar, evaluar, aceptar, rechazar y discutir innovaciones externas.

3. Establezca un sistema de colaboración tipo ganar/ganar con otras personas o empresas que se beneficien de sus productos y servicios directa o indirectamente (esto también le servirá para hacer financiamiento de guerrillas).

4. Elabore un sistema de seguimiento en el que se incorporen metas y procesos, no solo metas.

5. Describa dos problemas y ahora replantéeselos utilizando este precepto: ¿Cómo puedo ser parte de la solución y no del problema?

Los emprendedores se enfocan en buscar soluciones, contar con personas que los desafíen, expandir sus redes de contacto y crecer continuamente. NO usan su tiempo en quejarse de los problemas ni rodearse de personas aduladoras.

Creando redes fabulosas (networking)

Networking se basa en el establecimiento y manutención de redes de contactos. En inglés, net significa red, working significa trabajar: trabajar las redes, crearlas y mantenerlas. Este es un aspecto fundamental en el desarrollo humano, pero en el ámbito empresarial se enfoca más a conseguir resultados. Ciertamente es el elemento humano el que mueve el mundo. Las empresas no toman decisiones, las personas sí.

Networking entonces es el sistema de manejo de redes, de relaciones humanas, en el contexto empresarial en el que nos insertamos.

En el 2000 fui invitada a presentar mis ideas sobre el networking a un grupo de consultores. Me tomé un tiempo en reflexionar sobre el tema pues no era mi área de especialidad. El resultado fue una disertación muy intuitiva, y la generación de un proceso sistematizado que, a partir de ese momento, utilizo en mis empresas y en las de mis clientes.

He desarrollado un sistema para expandir mis redes en base a la experiencia de mentores y sobretodo de Cristine Meng, gerente de relaciones con exalumnos de Babson College, con quien tuve la fortuna de trabajar. No solo trabajar con Cristine era un placer, sino que su capacidad de recordar detalles personales y de interactuar pensando en su interlocutor era fascinante.

Mi sistema de tres pasos me ha ayudado a crear redes y recordar, ya que no poseo las habilidades de Cristine. A fuerza de repetir estas acciones me he creado el hábito de pensar en redes cada vez que interactúo con personas. Yo soy una relacionadora eficiente. Tengo mis redes de intereses comunes y conecto a la gente que creo que puede beneficiarse. Un último dato: las personas recordamos más sentimientos que conocimientos. Cuando una persona recibe un trato individualizado se siente especial, y por lo tanto, lo recuerda con una emoción positiva. Sus redes trabajan con Ud. y para Ud.

El mundo es mejor cuando colaboramos siempre y cuando exijamos y otorguemos respeto por el tiempo (nuestro y de terceros). Pensar en que ganamos y que ganan nuestros interlocutores hace mucho más eficiente nuestra vida personal y profesional. Si hay algún desbalance entre quienes participan y quienes ganan, el sistema buscará reajustarse.

Pasos para crear y fortalecer redes

1. Establecer a priori la autenticidad de uno/a mismo/a. Quién soy, qué puedo ofrecer, qué creo necesita, que deseo de esta interacción, de esta reunión, de esta persona, de esta empresa.

2. Mantener la curiosidad. Estar preparado/a para abrirse a una conversación corta y estar atento al mensaje del interlocutor.

3. Guardar la información por escrito tan pronto sea posible.

A lo largo de mi experiencia profesional y mudándome a diversos países constantemente cada vez estoy más convencida de la utilidad del networking. Esta constitución de redes se basa en dar y recibir información útil. Creo que la principal limitación al manejo de redes para algunas personas se basa en nuestra poca capacidad de concretar, en nuestra tendencia a generalizar. Herramientas como

Linkedin[2] hacen más fácil el trabajo. Hoy en día utilizo varios sistemas de redes para manejar mis miles de contactos.

Si Ud. piensa que no vale la pena manejar sus redes por miedo a parecer "interesado/a" o por temor a que no le ofrezcan nada a cambio, piénselo de nuevo. A medida que cultive sus redes notará que tiene contactos más fuertes en el sentido profesional y que sus interacciones son más efectivas, precisamente porque Ud. se está enfocando en una conversación UTIL y no SIMPATICA.

No olvide anotar de alguna manera sus impresiones acerca de otras personas, pues así Ud. también podrá optimizar su tiempo y recursos.

No olvide tampoco conocer claramente qué ofrece y qué busca y practicar algunas frases frente a un espejo, o con sus amigos más cercanos. Ante todo ¡sea auténtico! De otra manera su lenguaje corporal saboteará su mensaje y perderá credibilidad. Cuando su mensaje sea auténtico, sus palabras volverán a aflorar a sus labios en el momento oportuno.

Ejercicios para fortalecer la creación de redes:

1. Establezca con autenticidad quién es, qué puede ofrecer actualmente y qué necesita.

2. Practique una conversación MUY corta, de 2-3 minutos sobre estos aspectos frente a un espejo, modifíquela

---

[2] www.linkedin.com

cuantas veces sea necesario hasta sentirse cómodo/a con esta conversación. Después practique con un amigo/a y escuche sus comentarios. Modifique su mensaje hasta que se sienta satisfecho.

3. Inicie una conversación con alguien a quien le gustaría ayudar. Practique estar atento y curioso al mensaje de su interlocutor. Observe qué le parece interesante y qué le quita interés. Si Ud. logra interesarse y ayudar a otra persona, estará ganando un aliado/a. Repita esta tarea tan pronto le sea posible con una persona que acaba de conocer.

4. Inicie una conversación con alguien a quien quisiera solicitar ayuda. Practique estar atento y curioso al mensaje de su interlocutor. Observe qué le parece interesante y qué le hace sentirse inferior (esta es una de las barreras para pedir ayuda, descúbrala, a la gente le encanta ayudar y sentirse útil.)

5. Cree un sistema para guardar la información por escrito tan pronto le sea posible. Yo uso planillas de Excel, que me permiten hacer selecciones por fecha, nombre, apellido o tema, y hago anotaciones en la tarjeta de presentación. Anote también la circunstancia en la que conoció a la persona, algunos datos que recuerde y quién los puso en contacto.

6. Agradezca —por escrito- a aquellas personas que lo hayan ayudado a expandir sus redes.

Una ley fabulosa, la reciprocidad

La reciprocidad se basa en establecer individualmente los términos bajo los cuales pedimos y damos ayuda. Es interesante notar la parte de pedir y dar, pues podemos contribuir mucho más al desarrollo de nuestras naciones si hacemos el empeño consciente de evaluar la ecuación de reciprocidad.

Esta ecuación se refiere al balance entre el dar y el recibir. Partamos por darnos cuenta de los beneficios. Si una persona adquiere este libro, me está dando el beneficio de su dinero y su confianza. Yo a cambio le doy el beneficio de mi experiencia. El editor, el fotógrafo, la diseñadora y la compiladora me dieron el beneficio de su trabajo, yo les doy el beneficio de mi dinero y reconocimiento (en la página 6). La impresora me dá el beneficio de la producción, yo les doy el beneficio de un porcentaje del precio, al igual que Amazon, empresa que me dá el beneficio de la promoción y venta internacional, y finalmente Amazon comparte beneficios con el proveedor de envíos de correos.

Un amigo muy exitoso me comentaba que él tenía una manera de evaluar beneficios: o iban al curriculum o iban al bolsillo. Al mismo tiempo era un gran mentor de emprendedores e investigadores en el tema de capital de riesgo, y había constituido un programa de apoyo a investigadores jóvenes en su universidad. Cuando le pregunte a qué parte de su curriculum o bolsillo iba esta actividad, se sonrió y me comentó, esta va directo al corazón. Entonces comencé a pensar en los beneficios para tres aspectos de la existencia: mente, corazón y bolsillo. El truco no es solo pensar en nosotros sino ayudar a personas que valoren nuestro tiempo, se muestren agradecidas y estén dispuestos a apoyar a otros.

Podemos pedir con propiedad cuando sabemos usar la ley de reciprocidad. Al pensar qué podemos pedir y dar a cambio demostramos un interés en beneficiar a otros, y estimulamos una relación sana.

Me parece muy interesante el caso de inversiones por capital de riesgo. Los estudios sobre condiciones externas que favorecen el desarrollo del mercado de capital de riesgo indican que en aquellas culturas donde la reciprocidad es un valor, el desarrollo del mercado ha sido más rápido y la profundidad del mercado, medida en número de participantes como porcentaje de población, más alta. Adicionalmente y aquí es donde considero que el tema se hace más interesante, en aquellas culturas donde NO se valore la reciprocidad, los individuos que manejan sus relaciones con otros utilizando ecuaciones de reciprocidad, tienen más altas probabilidades de lograr alcanzar sus objetivos.

Ahora bien, en base a nuestra experiencia como inversionistas y como consultores encontramos que los emprendedores mejor evaluados ya han pensado en un sistema de retribución al inversionista, y han superado una de las grandes barreras para conseguir fondos: el egoísmo. En nuestras reuniones con otros agentes de desarrollo, gerentes de incubadoras, o inversionistas, es un tema recurrente nuestra tristeza por emprendedores y proyectos interesantes, en los cuales no vemos un aprecio por el financista. Nosotros no tenemos porqué invertir en un proyecto, lo hacemos porque lo deseamos. Queremos ganar dinero, pero fundamentalmente queremos apoyar a una persona o a un equipo a alcanzar un sueño, que dicho sea de paso, no sería alcanzable sin capital de riesgo.

El principio de reciprocidad es un buen ejemplo para reflexionar antes de buscar capital y para mantener las puertas abiertas y el interés de socios.

Resumiendo este capítulo: existen condiciones sociales e individuales que favorecen la creación y desarrollo de empresas fabulosas. Nutrir estas condiciones hace más estimulante el camino de los emprendedores y beneficia a sus comunidades. Se crea asi un círculo virtuoso.

A continuación nos enfocaremos en estrategias dirigidas a encontrar o crear oportunidades fabulosas con el fin de iniciar una empresa y a transformar negocios en empresas fabulosas.

Ejercicios para fortalecer la reciprocidad:

1. Escriba una lista de personas que le han ayudado, relaciónela con su lista de contactos de creación de redes.

2. Escriba un párrafo de agradecimiento tipo y acostúmbrese a agradecer los gestos de aquellos que lo ayuden. Establezca claramente qué hizo la otra persona y cómo esto lo ayudó a Ud. Envíe una nota a las personas de la lista anterior.

3. Cree un hábito y un sistema de envío que le sea fácil de usar y/o recordar. Puede ser todos los días al iniciar actividades o una vez a la semana. Tener un párrafo tipo para personalizar facilitará su tarea.

4. Escriba una lista de peticiones que le gustaría hacer, relaciónela con su lista de contactos de creación de redes.

5. Prepare un párrafo corto para hacer una petición. Explique por qué cree que esa persona es la adecuada, establezca cómo esto puede servirle a Ud. y a la otra persona. Dé una opción de salida o rechazo elegante,

preguntando si le parece una buena idea (OJO, evite asumir que Ud. es poco importante y que la otra persona NO estará interesada en ayudarle, o que por el contrario, está obligada a ayudarle).

6. Practique la conexión directa. Cuando haga una petición mire a los ojos y pregunte la opinión de la otra persona: ¿Cómo crees que puede funcionar esto? ¿Crees que le interese a otra persona? Cuando dé las gracias, mire directo a los ojos también.

Oportunidades fabulosas

Partamos por la fase previa a la formación de una empresa, su concepción. ¿Cómo comenzamos a pensar diferente para que nuestras ideas sean oportunidades fabulosas? Los emprendedores tienen que evaluar constantemente nuevas ideas y desarrollan métodos sumamente eficientes para poder tomar acciones. Más que descubrir oportunidades, los emprendedores las crean. Estos métodos pueden ser simples o sofisticados, pero las empresas fabulosas son creadas considerando dos grupos de información: una, relacionada con el pasado y la otra, relacionada con el futuro. Así, los emprendedores son capaces de crear nuevos mundos.

No todas las ideas son buenas, pero más aún, no todas las buenas ideas son oportunidades para Ud. No tema descartar ideas, o buenas ideas, a menos que desee utilizar su tiempo y energías en ideas que realmente no lo van a enganchar lo suficientemente como para que decida hacerlas realidad.

Aprender a escoger una oportunidad le permite enfocarse. De lo contrario, Ud. no va a poder tomar acciones para llevar a cabo esta idea.

Muchas personas creen que no son emprendedoras porque no llevan a cabo ideas fabulosa. Esto es falso. Si una buena idea no es lo suficientemente atractiva como para empujarlo a tomar acciones, sigue siendo una buena idea, pero no es una oportunidad para Ud. Lo que muchas veces ocurre es que las personas se aferran a las buenas ideas y esto los limita en sus posibilidades de encontrar oportunidades.

A mí se me ocurren por lo menos 10 ideas de negocios todos los días. Tengo una mente entrenada para esto, pero no puedo dedicarme a desarrollarlas todas, así que uso el sistema que describo a continuación, las que no escojo, las distribuyo o las dejo pasar. ¿Cuántas personas no están dedicadas a resguardar con celo sus ideas y tienen su mente ocupada o sus carpetas llenas de ideas que no han llevado a cabo? ¿Cuántas veces vemos algún producto o servicio nuevo en el mercado y pensamos: "a mí se me ocurrió esto hace tiempo!" pero ahí estamos, sin tomar acciones y sin llevarlas a cabo. ¿Porqué? Por que las buenas ideas no son oportunidades.

Ideas, buenas ideas y oportunidades

Es muy probable que Ud. ya tenga ideas en la cabeza o en algún papel, pero tener una idea no es suficiente para tener una buena idea y menos para tener una oportunidad fabulosa. Las ideas deben irse refinando en base a un sistema de dos pasos: la información del mercado que le permite escoger buenas ideas de muchas ideas; y sus capacidades o intereses personales que le permiten escoger oportunidades fabulosas de buenas ideas.

La información del mercado es muy importante dentro del contexto general de su idea. Un mercado está formado por un conjunto de clientes que adquieren un servicio o producto similar y que se comportan de una manera similar. Esta relación permite aprender de un cliente para mejorar su oferta. Esto también se conoce como un 'nicho'.

Para identificar las buenas ideas de ideas en base al mercado, existen estrategias determinadas por la fase de desarrollo de los mercados. Es mucho más fácil ingresar a un mercado en crecimiento que crearlo o ingresar cuando los mercados se encuentran saturados. Así, hace años considerábamos muy interesante los mercados crecientes de: empresas de telefonía celular, servicios de internet, computadores, fax, servicios de limpieza, agencias de viajes. Hoy en día no vemos tan atractivos estos mercados pues están bastante saturados, así como tampoco vemos interesante una venta de autos.

Para darnos una idea de cómo aprovechar los mercados cada fase tiene sus oportunidades específicas.

Si el mercado se está formando, es necesario **crear una necesidad**. En esta fase es importante identificar a aquellos potenciales clientes que se arriesgarán a usar o probar su producto o servicio. Estos clientes son especiales, déles un trato especial. Identifique cuál es el valor que les está creando para tomar decisiones adecuadas. En la fase de creación de mercado, hay que invertir en crear conciencia de esta nueva necesidad. Es probable que una empresa pequeña o nueva no tenga suficientes recursos como para pagar el costo de crear esta necesidad. Pero también es posible crear una propuesta interesante para una empresa complementaria que se beneficie de la creación de este nuevo mercado, y que no desee arriesgar su reputación creando el mercado pero que pueda apoyar con recursos.

Otra alternativa es entrar a un segmento del mercado e ir expandiéndose. Analice este sub-mercado de entrada en base a la posibilidad de relacionar a sus clientes potenciales, no en base a estrategias para mercados maduros. Recuerde que no es posible segmentar un mercado que se está formando.

Una vez que se comienza a desarrollar el mercado (¿quién pregunta hoy en día qué es internet, fax o celular?) es posible **aprovechar el crecimiento** y entrar con mayor facilidad en un pedazo del mercado. En la fase de crecimiento hay cabida para muchas empresas y no hay estándares, así que es difícil para los consumidores establecer diferencias entre una empresa y otra. Con respecto al mercado, esta es la manera más fácil de lanzar una empresa. En pleno boom de internet, ¿cuántas empresas nuevas se crearon y pudieron tener clientes en poco tiempo? Era todo mucho más fácil, ¿no?

Los mercados maduros, que han dejado de crecer, presentan también oportunidades, sobretodo en **segmentación**, aprovechando nichos que o son muy pequeños o no son aprovechables por las grandes empresas. También hay oportunidades muy atractivas de **integración** que generalmente pasan desapercibidas, y también se pueden crear empresas en base a servicios para las empresas provedoras de nuevas tecnologías. Por ejemplo, servicios de contabilidad, o de transporte, o de análisis de mercado. Servicios que hagan más eficiente el trabajo de los proveedores en el mercado maduro.

De más está decir que no creo que valga el esfuerzo entrar en mercados que estén muriendo. Es posible, pero muy difícil. Emprender es de por sí una actividad riesgosa, ¿para qué agregar más riesgo?

El análisis del mercado nos permite crear buenas ideas, pero esto no es suficiente para tomar acciones. Crear y manejar una empresa requiere de una gran cantidad de energía y solo es posible tomar esas acciones cuando dos factores confluyen para darnos esa energía: estos factores tienen que ver con el pasado y el futuro. Por un lado Ud. debe sentir que tiene alguna ventaja con respecto a los demás para poder llevar a cabo esta empresa, por otro lado Ud. debe desear el futuro que esta empresa puede crearle. Una buena idea es SU oportunidad cuando Ud. siente que tiene ventajas para llevar a cabo esta idea y además se siente entusiasmado por hacerlo. La selección de oportunidades a partir de buenas ideas es sumamente individual. Por una parte, cada persona tiene capacidades únicas, conocimientos y experiencias, que le permiten destacarse sobre los demás en un área específica. Por otro lado, cada persona tiene intereses distintivos que le atraen como para desarrollarse profesionalmente en un área. A lo largo de su desarrollo personal y profesional Ud. ha ido practicando diversas actividades, y se ha destacado en aquellas en las cuales tiene habilidades naturales o por las cuales se siente atraído. Si Ud. no tiene conocimiento en un campo donde desee desarrollarse, y aún asi le apasiona una idea como para dedicarse a desarrollarla, puede buscar dentro de su experiencia aquello que le permite extender su aprendizaje hacia el área donde desea desarrollarse. Por ejemplo, un ingeniero puede usar procesos para crear n sistema de ventas; una química puede usar sus conocimientos para el desarrollo de recetas especiales; un diseñador gráfico utilizará su capacidad para hacer más atractivos los esquemas de aeroplanos, los folletos de galerías de arte y hasta textos de enseñanza. Las combinaciones son infinitas y hacen que las posibilidades de productos y servicios innovadores sean muy interesantes. Cuando observamos el emprendimiento como historia, nos asombra encontrar que las personas tomas de experiencias previas lo que les es útil. Obviamente la experiencia es mucho más aceptable que la educación, pero como decimos en mi país: "Nadie nace aprendido".

Su experiencia o educación le servirá para decidir cuál es el enfoque que desea darle a su futura empresa. Dos contrastes típicos son la creatividad y el análisis. Se cree que las personas tienen más desarrollada una de estas dos cualidades. Si Ud. considera que su fuerte es la creatividad, entonces tiene una ventaja: puede proveer de modificaciones a servicios y productos. Puede adaptarlos, generar nuevas formas de vender, desarrollar nuevos programas, inventar formas de hacer alianzas estratégicas. Su empresa debe entonces sacarle el máximo provecho a su fortaleza. Ud. utilizará sus potencialidades al máximo y puede escoger clientes que valores y necesiten de sus habilidades.

Si Ud. considera que su fuerte es el análisis, entonces tiene otra ventaja: Ud. puede generar procesos, reducir costos, aumentar la productividad, integrar equipos y sistemas. Al igual que en el caso anterior, su empresa debe sacarle el máximo provecho a su potencial y deberá escoger clientes que valoren y necesiten de sus habilidades.

Finalmente, para llevar a cabo oportunidades fabulosas es necesario definir qué ideas hay que descartar.

Ya vimos que el proceso de selección de buenas ideas del montón de ideas se basa en la información del mercado, y que el proceso de selección de oportunidades de un montón de buenas ideas se basa en dos preguntas claves: qué conocimiento y qué desea hacer en el futuro. Al complementar el análisis de la fase del mercado y sus propias fortalezas con la idea (ya mejorada) de una empresa puede determinar si esta va a ser una oportunidad para Ud. o solo es una buenísima idea, que, a pesar de ser buena, no le va a servir para despertarse todos los días durante esos primeros años difíciles con un sentido de satisfacción y sobrevivencia que le permita llevar a cabo su idea.

Pensar en el futuro deseado no es suficiente. Siguiendo con mi observación de que los latinos tendemos a pensar en una manera abstracta y no concreta, incluyo a continuación una serie de preguntas que le permitirán pensar en como ir definiendo su oportunidad:

- ¿Cuáles son mis clientes ideales? ¿Qué compran, cómo toman decisiones, qué opinan de lo que existe en el mercado, cómo considerarían a mi empresa, dónde buscan información con respecto a lo que vendería?
- ¿Cuál es mi estilo de empresa? ¿Cómo deseo interactuar con mis clientes y proveedores?, ¿Cuál es el tamaño ideal para mi empresa?, ¿Cuál es mi horario ideal? (algunas personas prefieren trabajar de noche, otras de día, otras los fines de semana), ¿Quiénes más me acompañarán en esta iniciativa?
- ¿Qué vendo? ¿Cómo defino concretamente el producto o servicio que deseo lanzar al mercado, cuánto valdría, cómo se adquiere, cómo se paga, cómo se termina?
- ¿Qué espero obtener a cambio de iniciar esta empresa? ¿Libertad de horario, más dinero, responsabilidad, un papel de liderazgo o sentido social, satisfacción de lanzar mis ideas al mercado, probar que soy capaz, dejar una herencia a los hijos?

Estas preguntas con respecto al futuro le permitirán evaluar si una buena idea puede constituirse en la oportunidad de iniciar una empresa.

Si Ud. decide que no hay un calce ideal con sus conocimientos e intereses, déjela ir.

Si no va a hacer nada con sus buenas ideas, difúndalas. No solo se hará notar como una persona innovadora y emprendedora, sino que se acostumbrará a ir probando sus ideas con otros y mejorándolas. Es más, es probable que de esta manera consiga que otra persona se entusiasme con su oportunidad y le ayude a hacer realidad su sueño. Si la idea se le va de las manos, déjela ir y comience a buscar otra cosa. ¡Cuántas personas conocemos con tremendas ideas que no sueltan prenda para que no se las copien y nunca las llevan a cabo! Es como tratar de llevar a cabo un viaje exploratorio con su casa a cuestas. Alijere su carga para poder enfocarse y ser flexible cuando necesite cambiar de rumbo.

Si ya decidió que esta es una tremenda oportunidad y no la quiere dejar pasar, es hora de hacer un plan de empresas. Existen muchos libros al respecto. Puede buscar nuestra guía que se encuentra gratuitamente en internet o nuestro libro[3].

Recuerde que no todas las ideas son oportunidades.

- La selección de las ideas es un proceso personal e individual.
- Ud. puede transformar una idea en una buena idea y en una oportunidad.
- La oportunidad mezcla un punto de apoyo que venga de su pasado, con algo que le sea atractivo como para dedicarle parte importante de su vida.
- Si no se libera de las ideas que no le sirven, no podrá seguir buscando y creando una oportunidad.
- Compartir o regalar ideas es una muy buena manera de zafarse de ellas y de aumentar su capacidad de explorar... es más, podría conseguir un socio que le apoye y entonces descubrir que lo que inicialmente no era una oportunidad para Ud. sí lo es ahora.

---

[3] Como crear un plan de empresas por Alicia Castillo Holley.

Ejercicios para seleccionar oportunidades de ideas:

Descripción general del modelo de selección de oportunidades: Muchas personas piensan que no son emprendedoras porque dejan pasar oportunidades. En realidad no todas las ideas son buenas ideas y no todas las buenas ideas son oportunidades.

La selección se basa en un análisis en etapas:

Ideas >> Buenas ideas >> Oportunidad

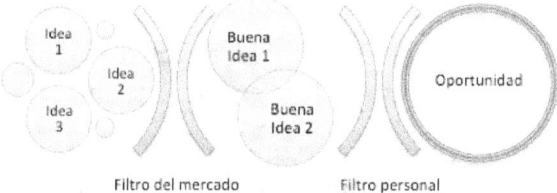

- El mercado permite distinguir buenas ideas de ideas. Este es el primer filtro.

- Las características personales de capacidad e interés permiten seleccionar oportunidades de buenas ideas. Este es el segundo filtro.

- Los emprendedores gestionan oportunidades, no ideas.

Definiciones útiles para entender el mercado:

El mercado se compone básicamente de: competidores, clientes y reguladores. Lo emprendedores no tienen control sobre el mercado, pero controlan sus acciones con respecto al mercado.

Los clientes son personas o empresas que pagan por los bienes o servicios. Los usuarios son personas o empresas que disfrutan de un bien o servicio. Por ejemplo en un colegio, los representantes son clientes y los alumnos son usuarios. En un restaurant los usuarios y clientes son los mismos. En un sistema de viajes corporativos, la empresa es el cliente, y los empleados los usuarios.

El valor de un bien o servicio no es el costo más margen sino el precio que está dispuesto a pagar un cliente.

Tanto el precio como las condiciones de venta se establecen en base al mercado y no al costo. Como patrón general el costo de producción de un bien o producto no debe ser superior al 20% del precio al cliente para empresas nuevas. Si es así, cambie su estrategia, sus clientes o su oferta.

De acuerdo a la fase del mercado, las preguntas para escoger buenas ideas de ideas varían: mercado por crear, mercado joven, mercado establecido y mercado en reducción o desaparición.

Selección de buenas ideas para un **mercado NUEVO.**

Si no hay proveedores o hay que crear el mercado (y la necesidad).

1. Defina quién es su **cliente** ideal. Cree un personaje ficticio, con nombre, edad, lugar de trabajo, problemas, motivaciones. Describa un día en la vida de su personaje y el momento en que él o ella se encuentra con el problema que SU producto o servicio soluciona.

2. Defina quién es su **usuario** ideal. Cree un personaje ficticio, con nombre, edad, lugar de trabajo, problemas, motivaciones. Describa un día en la vida de su personaje y el momento en que él o ella se encuentra con el problema que SU producto o servicio soluciona.

3. Precise cuáles son los 3 a 5 beneficios de su producto o servicio desde el punto de vista de los clientes. Indique qué sustitutos están utilizando y su valor. Identifique cómo al menos uno de esos beneficios distingue a su oferta o les brinda ventajas sobre otros clientes o usuarios que no tienen acceso a su producto o servicio.

4. Utilice la información anterior para estimar sus pronósticos de ingresos: identifique precios, condiciones de venta, número de clientes, tamaño de órdenes de compra y recompra.

5. Estime el número de ventas que puede realizar en base su capacidad de producción. Si hay limitaciones de escalabilidad, estime los costos de producción y de venta. Los costos de producción no deben ser mayores al 20%, los costos de venta no deben ser mayores al 50%. Si es así, redefina su idea... No es una buena idea.

Selección de buenas ideas para un **mercado JOVEN.**

En crecimiento exponencial, con pocos estándares, muchos proveedores nuevos y algunos casos de éxito o fracaso.

1. Defina quién es su cliente ideal. Cree un personaje ficticio, con nombre, edad, lugar de trabajo, problemas, motivaciones. Idealmente describa un día en la vida de su personaje y su reacción ante la oferta de los proveedores existentes, asuma su criterio de selección (en base a qué escoge a un proveedor).

2. Defina 3 beneficios de su producto o servicio en comparación con las ofertas existentes. Identifique cuáles son las características comunes a todos los proveedores, esto es el estándar. Identifique al menos una característica ÚNICA de su oferta. Identifique cómo esta característica tiene un impacto en el valor de sus potenciales clientes. No trate de proveer de la única solución para todos los clientes. Recuerde que sus fortalezas y debilidades permiten a otros estar en el mercado. No pretenda ser todo para todos sino enfocarse en una característica donde tenga una fortaleza, un nicho que esté cerca o que conozca, o una relación con sus clientes actuales, si los tiene.

3. Establezca un tamaño de mercado en base a número de clientes potenciales y penetrabilidad (% de clientes potenciales que ya han adquirido los productos o servicios). Recuerde que es sumamente difícil capturar el cliente de otra empresa, es mucho más fácil capturar un NUEVO cliente para el mercado.

4. Utilice la información anterior para estimar sus pronósticos de ingresos a lo largo del tiempo: identifique precios (en base a lo que existe en el mercado y a sus factores distintivos), condiciones de venta, número de clientes, tamaño de órdenes de compra y recompra.

5. Estime el número de ventas que puede realizar en base su capacidad de producción. Si hay limitaciones de escalabilidad, estime los costos de producción y de venta. Los costos de producción no deben ser mayores al 20%, los costos de venta no deben ser mayores al 50%. Si es así, redefina su idea... No es una buena idea.

Selección de buenas ideas para un **mercado MADURO.**

Existen estándares (producto o servicio típico) y variantes definidos. Hay proveedores grandes y conocidos.

1. Identifique los mayores competidores de su mercado (1 a 3). Para cada competidor, describa la oferta de los productos o servicios con los que competiría.

2. Defina el cliente ideal de sus competidores. Cree un personaje ficticio, con nombre, edad, lugar de trabajo, problemas, motivaciones. Idealmente describa un día en la vida de su personaje y su reacción ante la oferta de los proveedores existentes, asuma su criterio de selección (en base a qué escoge a un proveedor).

3. Defina quién es su cliente ideal (el de SU idea). Cree un personaje ficticio, con nombre, edad, lugar de trabajo,

problemas, motivaciones. Idealmente describa un día en la vida de su personaje y su reacción ante la oferta de los proveedores existentes, asuma su criterio de selección (en base a qué se cambiaría de proveedor).

4. Compare los perfiles de los diferentes clientes y establezca al menos una ventaja que no puede ser copiada por sus competidores. Recuerde que es sumamente difícil capturar el cliente de otra empresa, es mucho más fácil capturar un NUEVO cliente.

5. Evalúe si puede integrar ofertas de los competidores existentes o cómo puede ofrecerles un manejo más eficiente (más rápido y a más bajo costo) para que se mantengan competitivos.

6. Estime el número de ventas que puede realizar en base a sus operaciones. Si hay limitaciones de escalabilidad, estime los costos de producción y de venta. Los costos de producción no deben ser mayores al 20%, los costos de venta no deben ser mayores al 50%. Si es así, redefina su idea... No es una buena idea.

Mercados decrecientes

De más está decir que no creo en entrar en mercados que estén muriendo. Es posible, pero muy difícil. Emprender es de por sí una actividad riesgosa, ¿para qué agregar más riesgo?

Cuando el análisis del mercado indique que una idea es una BUENA idea, pase al análisis de selección de oportunidades.

Ejercicios para seleccionar oportunidades de buenas ideas.

1. Detalle alguna ventaja que Ud. posea con respecto a la mayoría de las personas o empresas para iniciar su empresa. En particular, describa estas tres áreas: experiencia, contactos, conocimiento.

2. Identifique cómo generaría nuevas ventajas y contactos para fortalecer su competitividad. Identifique pasos y resultados.

3. Defina cuál es su estilo de empresa. En base a lo que Ud. desea NO en base a lo que otros le indiquen. Pregúntese por ejemplo:

    a. Cómo deseo interactuar con mis clientes y proveedores.

    b. Cuál es el tamaño ideal para mi empresa.

    c. Cuál es mi horario ideal (algunas personas prefieren trabajar de noche, otras de día, otras los fines de semana).

    d. Quiénes más me acompañarán en esta iniciativa. Qué personas necesito, con qué características y para ejecutar qué actividad.

4. Establezca cual es el riesgo que puede tomar en caso de que su idea fracase.

5. Defina quién es su cliente ideal. Cree un personaje ficticio, con nombre, edad, lugar de trabajo, problemas, motivaciones. Idealmente describa un día en la vida de su personaje y el momento en que él o ella se

encuentra con el problema que SU producto o servicio soluciona.

6. Defina concretamente el producto o servicio que desea lanzar al mercado en términos de beneficios para sus clientes o usuarios: su oferta.

7. Enlace su oferta (producto o servicio) con su personaje ficticio y si es necesario, adapte uno u otro hasta que sienta que hay un calce perfecto.

8. Identifique qué espera obtener a cambio de iniciar esta empresa: libertad de horario, dinero o más dinero, responsabilidad, un papel de liderazgo o sentido social, satisfacción de lanzar sus ideas al mercado, probar que es capaz, dejar una herencia a los hijos.

9. Escoja dos de los beneficios anteriores y explique cómo va a medir el éxito.

10. Describa su situación ideal en 5 años, con la mayor cantidad de detalles posible. Explique cómo su empresa va a apoyar su estilo de vida.

11. Prepare una lista de actividades que no está dispuesto a realizar o que prefiere no realizar (esto le servirá para mantenerse enfocado y para enlazarlo con el siguiente ejercicio). Agrúpelas en estas áreas funcionales: Marketing, Finanzas, Operaciones, Personal y Estrategia.

Estas categorías son las mismas que aplicamos en el diseño de modelos estratégicos (ver página 65).

Modelos estratégicos

Parece que el mundo se estuviese achicando, o no sé si realmente haya sido tan grande. Lo que sí es cierto es que trabajar con otras personas alrededor del mundo se ha vuelto más y más común, o al menos ahora nos enteramos más y más rápido.

Entender cómo utilizar los modelos estratégicos abre un mundo de posibilidades. Hoy en día, más que nunca antes, es muy fácil encontrar un modelo que se adapte a nuestras circunstancias. Desde ambos extremos, los minimalistas y limitados **licenciadores** hasta los intrincadamente complejos **orquestadores**, pasando por un matiz de **integradores**.

Ya no es válido pensar en hacer 'todo' para llegar directamente al cliente. La globalización implica no solo llegar a clientes remotos sino usar talentos remotos inteligentemente para ser más competitivos con nuestros dos recursos más limitados: tiempo y dinero.

Utilizo un sistema para crear modelos estratégicos basado en 5 pilares o áreas funcionales de las empresas. De esta manera me aseguro de cubrir cada una de estas áreas con especialistas, bien sea personal contratado, consultores o subcontratando empresas especializadas. Si bien es cierto que una empresa es mucho más que la suma de sus partes, al separar las áreas funcionales, analizarlas y asegurarnos de contar con especialistas, mejoramos la calidad de la empresa como un todo.

Para pensar en modelos estratégicos debemos considerar lo que yo llamo las áreas funcionales de cada empresa. Estas son:

1. **Mercado**: incluye todo lo referente a ventas, clientes, servicio postventa, sugerencias de nuevos productos, publicidad y promoción, entrenamiento de vendedores, relaciones con distribuidores, establecimiento de precios y condiciones de venta, comparación con competidores y análisis de las tendencias del mercado como un todo.

2. **Operaciones**: incluye todo lo relacionado con la producción, inventario, creación de modelos de nuevos servicios y productos, relaciones con proveedores, manejo de sistemas, empaque y envíos y logística.

3. **Finanzas**: incluye todo lo relativo al manejo del dinero, control administrativo, contabilidad, relaciones con los bancos o los inversionistas, cobranzas, auditoria, creación de reportes financieros e impuestos.

4. **Recursos Humanos**: incluye todos lo referente al manejo de personal, contratación, entrenamiento, desarrollo de carrera, manejo de ascensos y despidos, gestión de relaciones personales dentro de la empresa y sistemas de evaluación de resultados.

5. **Estrategia**: incluye todo lo relacionado con la dirección de la empresa, relaciones con los dueños y directores, creaciones de planes estratégicos, sistemas de seguimiento y evaluación de resultados.

Pensar en planes estratégicos es una decisión muy inteligente. Yo considero que hacer un plan de empresas ejercita el pensamiento estratégico integral, utilizando estos cinco pilares. El único pilar que deben manejar los fundadores o dueños de una empresa es el pilar de la estrategia. Todos los demás pilares pueden externalizarse. Pensar de esta manera abre un número infinito de posibilidades. Por un lado podemos crear algo y licenciarlo, lo que requiere de una serie de pasos para desarrollar un prototipo y protegerlo. Por otro lado, podemos minimizar el uso de otros productos o servicios y ser más autónomos, flexibles y costosos. Yo distingo los modelos estratégicos en tres grupos: los **integradores**, los **orquestradores** y los **licenciadores**.

Los integradores incorporan áreas críticas para la empresa que, de otro modo, o para otras empresas, podrían ser completamente independientes. Por ejemplo, Dole, la gran corporación que provee de vegetales, es dueña de plantaciones, laboratorios de mejoramiento genético, instalaciones de empaque, centros de distribución y almacenamiento. Dole no hace todo. También adquiere agroquímicos, etiquetas, latas, maquinarias y otros insumos de proveedores externos; sin embargo, se destaca del perfil típico de una empresa de alimentos en el sentido de integrar muchas actividades que la mayoría de sus competidores no ejecutan directamente. De esta manera Dole tiene ventajas competitivas pues controla una gran parte de su cadena productiva.

Los modelos estratégicos **integrados** también pueden ser pequeños, como por ejemplo, una persona que fabrica mermeladas con las frutas que cosecha en su propio terreno y las vende directamente. Los integradores ganan ventajas competitivas o economías de escala. En el caso de Dole puede ser la rápida incorporación de una variedad nueva que tiene un mayor rendimiento y en el caso de mermeladas Juana, la frescura y el ahorro en transporte y almacenamiento.

En el otro extremo de los modelos estratégicos está el **licenciador**, quien ha desarrollado una gran idea pero no quiere dedicarse a desarrollar una empresa o ir más alla. Hay muchos casos fascinantes de licenciadores, y me encantan porque demuestran que, zapatero a sus zapatos, el que crea una innovación no necesariamente la desarrolla comercialmente. Veamos el interesante caso de McDonald's.

Los hermanos McDonald tenían un pequeño carrito de hamburguesas en un lote vacío que había sido usado como estacionamiento. Un solo carrito. Ellos tenían un sistema intuitivo de pronósticos que les permitía vender una hamburguesa un minuto después de haber recibido la orden. A sus clientes, obreros de construcción, les encantaba pues a un precio ridículamente bajo podían adquirir una comida caliente y recién cocinada. Llegaban, ordenaban, recibían su comida y se iban. Asi maximizaban su tiempo. Los McDonald no gastaban en mesas o sillas pues la mayoría de sus clientes entraba y salía rápidamente. O sea, los hermanos McDonald servían hamburguesas baratas a obreros en un tráiler estacionado en un estacionamiento medio vacío, cerca de una zona de mucha construcción. Esa era la idea original. Su sistema de predicción se basaba en comenzar a cocinar las hamburguesas mientras veían a los obreros recorrer el estacionamiento para llegar al sitio de venta. Los obreros se tardaban unos 5 minutos en llegar a la taquilla, para ese entonces la carne estaba cocinada, el pan tostado y muchas ya estaban listas, envueltas en papel. Solo unas pocas eran pedidos especiales: sin cebolla, con extra tomate. Estos aditivos se agregaban al final. El truco era que la hamburguesa comenzaba a cocinarse antes de pedir la orden, generando un verdadero sistema de producción rápida. Los clientes no tenían que esperar la orden y podían aprovechar su receso de almuerzo con comida recién hecha en lugar de quedarse en su sitio de trabajo engulléndose un almuerzo frío, preparado horas antes de salir a trabajar. Mas aun, los McDonald sabían que su éxito estaba en la cantidad y la rapidez de producción, asi que sus precios eran ridículamente bajos.

Pero los hermanos McDonald no estaban interesados en expandirse. Fue Ray Kroc, quien vio la oportunidad y los convenció de que le licenciaran su sistema en 1955. Ray vendía licuadoras para restaurantes y le parecía maravilloso que el pequeño carrito de los McDonalds pudiese tener 6 licuadoras. Si él lograba conseguir que varias personas replicaran este modelo, se imaginaba vendiendo miles de licuadoras. La historia no resultó como Ray pensó y terminó comprando los derechos totales unos años después por $2,7 millones. Ray continuó trabajando hasta establecer un ícono en franquicias, comida rápida y transculturización norteamericana alrededor del mundo. Los hermanos McDonald tuvieron que cerrar su carrito pues sus ventas bajaron con el tiempo. Los inventores licenciaron a Ray Kroc que fue quien creó el negocio. Sin Kroc, los hermanos McDonald no hubiesen recibido las regalías ni el pago final que representaron un salto en sus finanzas. Claro que muchos otros también se beneficiaron de la expansión de la empresa.

Veamos ahora el tercer modelo de negocios, el de los **orquestadores**. La mayoría de los modelos estratégicos no son ni integradores ni licenciadores sino orquestadores. Los orquestadores concentran sus principales actividades alrededor de áreas que pueden manejar eficientemente, y buscan colaboradores que están a su vez apasionados por otras áreas complementarias, sedientos de crecimiento y éticos. Pensando en esto, tengo que admitir que no podríamos estar en un mejor momento para orquestar. Hay tantos lugares virtuales que abren puertas y permiten la colaboración entre diversos participantes. Por ejemplo, www.alibaba.com y www.elance.com. Estos y otros sistemas de interrelaciones son fascinantes. Conocerlos abre un mundo de posibilidades. El arte de crear un modelo de negocios fabuloso radica especialmente en escoger qué área se desea manejar y fortalecer y quiénes son los colaboradores naturales que están haciendo exactamente lo mismo en sus respectivas áreas para trabajar juntos, pero independientemente. A medida que el mundo se vuelve más accesible, nos damos cuenta de que tenemos una cantidad infinita de opciones y la mente se nos abre a nuevas posibilidades, creando oportunidades.

Por ejemplo, mi empresa no solo usa un proveedor de servicios gráficos sino que incorpora sus servicios a nuestros clientes conjuntamente con los servicios de un especialista en branding u otro en propiedad intelectual. El resultado de nuestros servicios de análisis de mercado son fabulosos gracias a estas dos empresas. Una se encuentra en Chicago, otra en Perú, y nosotros estamos en Australia. Hace poco un cliente requería una respuesta muy rápida. Integrando los servicios de asistentes virtuales en Chile, California, Pakistan, Adelaide (Australia) y Perth (que es donde estamos localizados) pudimos trabajar día y noche, terminando en dos días hábiles, sin incurrir en mayores costos. Fue una carrera emocionante y muy motivadora para todos. Contamos con personas muy motivadas a trabajar en equipo en estas circunstancias y al final celebramos juntos virtualmente.

Entender los diferentes modelos estratégicos le abre un mundo de posibilidades y le permite enfocarse en lo que sabe hacer mejor (en su conocimiento) y en lo que más le apasiona (en su interés). Evaluando sus opciones de esta manera tendrá más oportunidad de crear una empresa fabulosa.

Utilizo un sistema para crear modelos estratégicos basado en 5 pilares o áreas funcionales de las empresas. De esta manera me aseguro de cubrir cada una de estas áreas con personal, consultores o subcontratando empresas especializadas.

Así que si tiene un prototipo en el garaje, o un beta sitio en su computadora, un software en la oficina, AHORA es el mejor momento de buscar la manera de sacarlo al mercado y, por un lado, mejorar la vida de quienes lo pueden utilizar y por otro lado, su sentido de contribución al bienestar de clientes y empleados, y, de paso, sus finanzas.

Ejercicios para seleccionar modelos de empresas:

Existen tres modelos estratégicos de empresas: el integrador, el orquestador y el licenciador, dependiendo de las actividades a realizar bajo el alero de la propia compañía. Escoja el que más le guste en base a sus emociones, no en base a su bolsillo o su mente. La única manera de poder dedicarse a hacer algo que le apasione es delegando.

Los **integradores** incorporan áreas críticas para la empresa que, de otro modo, o para otras empresas, podrían ser completamente independientes.

Los **orquestadores** siguen un modelo más común donde se esfuerzan por manejar las actividades críticas según los modelos estratégicos típicos.

Los **licenciadores** generan prototipos y no trabajan en áreas diferentes a la de invención.

Una manera sumamente práctica de definir modelos estratégicos incluye una evaluación rápida de los intereses y capacidades de los dueños o gerentes de la empresa con las necesidades de experiencia en las cinco áreas funcionales. Mediante un sistema de calificación (paso 1), selección (paso 2) y complementación (paso 3) es posible concretar un modelo de excelencia que se apoye en los fundadores.

Paso 1:

Califique las siguientes áreas de la empresa en base a sus capacidades (conocimientos, habilidad y experiencia) e interés (deseo de aprender y trabajar en esta área).

Llene una tabla por cada fundador activo de la empresa, o agregue su nombre al lado de la calificación.

Utilice una escala. Yo uso de 0 (mínimo) a 5 (máximo):

Área	Tenemos capacidades, habilidades y contactos	Sentimos pasión y fascinación por los temas relacionados
Mercado		
Operaciones		
Finanzas		
Recursos Humanos		
Estrategia		

Paso 2:

Establezca los criterios de selección para las áreas que no desea desarrollar personalmente en base a una selección de personal o de colaborador estratégico:

Área	Potencial empleado/a	Potencial empresa contratada
Mercado		
Operaciones		
Finanzas		
Recursos Humanos		
Estrategia		

Paso 3:

Describa un sistema de excelencia en cada una de las áreas funcionales de su empresa. Defina como desarrollar internamente o como seleccionar personas externas a su empresa de manera de asegurarse de contar con experiencia, capacidades y contactos en todas las áreas.

Área	Desarrollar internamente	Externalizar o subcontratar
Mercado		
Operaciones		
Finanzas		
Recursos Humanos		
Estrategia		

Parte II.

Reinventando empresas

A veces los sueños de los emprendedores se convierten en pesadillas. Lo que prometía ser un futuro exitoso puede transformarse en una cárcel que le impide balancear su vida privada y profesional.

Conocer las cuatro herramientas básicas que transforman a negocios en empresas le permitirá evitar verse en esta situación o reinventar su empresa.

De un negocio a una empresa fabulosa

Si su empresa no puede subsistir sin su presencia, Ud. se ha ganado un autoempleo. Sus propias limitaciones pueden ser un cáncer que lleve a la quiebra o el cierre lo que ha generado con tanto trabajo. Si responde afirmativamente a estas preguntas, es hora de tomar un camino diferente:

- ¿Le preocupa que su empresa no funcione cuando Ud. no está presente?

- ¿Tiene contemplado tomar vacaciones y no puede?

- ¿No le alcanza el tiempo para pensar en nuevos productos o servicios?

- ¿Evita tener personal que pueda contradecirle?

- ¿Quisiera crecer pero no sabe cómo?

Si bien es cierto que es imprescindible interrelacionarse con una empresa propia al inicio de las actividades, una vez alcanzado el punto de equilibrio (cuando los ingresos superan los costos) los fundadores deben iniciar un proceso que permita a la empresa existir por su propia cuenta. A continuación explicaremos cómo pasar de tener un negocio a manejar una empresa.

Estas reflexiones surgieron cuando, por limitaciones de tiempo, debía decidir con cuáles empresas trabajar y con cuáles no. En forma espontánea surgió la idea: es que no me gustaba trabajar con negocios sino con empresas. Tampoco me gusta enseñar a crear negocios. Sencillamente no creo que nadie vaya a la universidad a aprender a hacer negocios.

Esto no significa que los negocios son malos, pues tienen cabida en el mundo empresarial. Pero sin estar claros de que un negocio es una manera de aprovechar una oportunidad que vive en el presente y no tiene un futuro claro, puede estar tomando decisiones equivocadas.

Existen cuatro diferencias fundamentales entre un negocio y una empresa. Entenderlas y aplicar las metodologías para manejar empresas pueden afectar su prosperidad y sanidad mental. Después de todo, es muy fácil ser esclavo de su empresa, pero requiere más que inteligencia transformase de esclavo en dueño de la misma.

Las diferencias entre un negocio y una empresa no tienen nada que ver con el tamaño en ventas, número de empleados, fase de desarrollo, etc. son mas bien diferencias que de alguna manera afectan la visión, misión y estrategia de las personas que manejan las compañías.

Las diferencias se basan en cuatro maneras de ver la empresa: cómo medir el éxito, establecer metas, considerar la médula o foco de importancia y utilizar procesos. Al compartir a todos los niveles de la organización estas estrategias, la empresa puede crecer rápida, consistente y firmemente sin que el emprendedor se transforme en su esclavo.

Finalmente unas palabras de estímulo. Es realmente necesario que usted reflexione estratégicamente, que ejercite pensar proactivamente y no reactivamente. Así podrá tomar mejores acciones. Esto también generará un cambio en su manera de verse a sí mismo manejando su empresa. Si quiere aprovechar este programa al máximo, haga los ejercicios. Tómese unos minutos mientras llega a su trabajo para reflexionar y escriba sus resultados antes de comenzar el día de trabajo. Los ejercicios le ayudarán a pensar como dueño de su empresa, y le darán un vuelco a su manera de gestionarla, para dejar de ser su esclavo.

En muchas oportunidades mis empresas o las de mis clientes se han convertido de un sueño a una pesadilla, ocasionando frustración, estrés y hasta el cierre por agotamiento.

Veamos cada área por separado.

Cómo medir el éxito

...de ganar dinero a crear valor

Las empresas se enfocan en cómo crear valor, los negocios se enfocan en cómo ganar dinero. Esto limita la toma de decisiones, centrándolas en solo una de las partes en las que se crea valor: el dinero. Pero el valor va mucho más allá.

Considerando sólo el dinero y la ecuación del estado de resultados (ingresos – egresos = rentabilidad) el crecimiento de la empresa y sus posibilidades de éxito sufren, pues las decisiones se basan en rentabilidad a corto plazo y no incorpora el valor que genera a los múltiples actores (personas, empresas e instituciones) con los cuales se relaciona la compañía.

Para manejar una empresa es necesario considerar el valor de esta manera:

- ¿Qué valor les brinda a los clientes para que ellos escojan comprar los productos/servicios que ofrece?

- ¿Qué valor les brinda a los proveedores para que le vendan?

- ¿Qué valor les brinda a sus empleados para que trabajen allí?

- ¿Qué valor les brinda a los accionistas para que tengan su dinero en esas acciones (Ud. también)?

Estas son las bases del "valor agregado" y se extienden de la visión simplista de ganar dinero.

Pongamos un ejemplo muy claro que evidencia que el estado de resultados[4] impide analizar el valor creado: ¿cuánto cuesta una taza de café? Pues el valor tiene mucho que ver con la circunstancia: cuando visitamos unos amigos, una oficina o planta de manufactura no nos cuesta nada pues estamos invitados, en el metro, subterráneo o aeropuerto tiene otro valor, en un restaurant tiene otro valor, en una máquina de café tiene otro valor y así sucesivamente.

Se dará cuenta de que estoy hablando de un mismo producto o un producto suficientemente similar como para considerarse como el mismo "producto" y que usted es el mismo "cliente o usuario" pero que las circunstancias cambian. Así es como se crea riqueza, pensando en qué es lo que genera valor y cómo medirlo.

Ya sé que estará pensando que realmente también hay diferentes costos, pues bien, cuando uno considera cual es el valor "percibido" entonces puede tomar acciones. El valor percibido **NO** toma en cuenta el costo.

- Un cliente puede percibir su rapidez en darle una respuesta como más valiosa, o la capacidad de dar entrenamiento, o permitir pequeñas modificaciones,

---

[4] Ver estado de resultados en la sección de finanzas.

- Un empleado puede considerar como más valiosa la cercanía a su casa, o el entrenamiento, o los beneficios de salud, o el prestigio de una empresa al tomar la decisión de aceptar o postular un empleo.

- Un proveedor puede considerar la forma de pago, el tamaño de la orden, las compras recurrentes, como más interesantes.

- Un inversionista puede considerar la afinidad que tiene con Ud. o su capacidad de motivarlo a invertir.

Piense en las decisiones que toma cuando adquiere un producto o servicio y se dará cuenta de que en muchas oportunidades Ud. busca un valor que no está necesariamente relacionado con el precio, y que ciertamente no está relacionado con el costo.

La manera de establecer el precio no es tema de este libro, pero el saber que el valor (y no el costo) determina el precio es un paso gigantesco. Si hay otro proveedor que otorgue un valor similar a un menor precio, usted tendrá que innovar y encontrar otra manera de generar mayor valor o de reducir su precio para nivelarlo con el valor percibido.

Al evaluar el éxito de su empresa como generadora de "valor" Ud. comienza a interrelacionarse mucho más efectivamente con las personas afectadas, positiva o negativamente por su presencia en el mercado. Recuerde también que los mercados son dinámicos y los valores percibidos están en constante evolución.

El pensar en valor le permite dar respuestas más concretas y tomar acciones más efectivas. Piense en Ud. mismo como cliente: ¿No lo han perdido por 'mal servicio'? Piense en Ud. como jefe: ¿Cómo mide la motivación de sus empleados? Todas estas preguntas son mucho más fáciles de responder si pensamos en valor.

La visión de un negocio, en cambio, es más orientada al aprovechamiento de una oportunidad puntual y a ganar dinero. Esto no es necesariamente malo, sino que no es sostenible en el tiempo a menos que se transforme en una empresa.

Para dar un ejemplo de sustentabilidad, si a un negocio le va muy bien y crea un problema de contaminación, no consideró el valor para la comunidad en la cual se inserta. A medida que prospere, tanto más evidente será el daño que ocasione a su comunidad, por lo tanto tenderá a desaparecer. Si no consideramos el valor que damos a nuestros empleados podemos perderlos, o lo que es mucho más difícil de cuantificar, perder su motivación por trabajar en nuestra empresa. Este valor puede ser en flexibilidad, en desarrollo de carrera, en trabajo estimulante, en oportunidades de viajar, en entrenamiento y en muchas otras áreas que no pueden medirse en dinero sino en satisfacción.

En una oportunidad, le dí a mis empleados la posibilidad de tomar, costeado por la empresa, cualquier curso que desearan como prueba. La gerente tomó un curso de fotografía con su prometido, la secretaria tomó un curso de inglés, un asistente tomó un curso de baile de salsa y otra un curso de diseño de páginas web. Fué una experiencia fantástica, una de nuestras mejores inversiones medida en ambiente laboral. Los cursos se tomaron en horario de trabajo y los empleados se organizaron para suplirse. No sentimos ninguna disminución en la calidad o en la cantidad del trabajo. Cuando consideramos el valor podemos entender, por ejemplo, que los empleados estarían dispuestos a trabajar mejor si tuvieran otras ventajas que no necesariamente pasan por el aumento de sueldo. Mas aún, podemos considerar que un empleado participe en el crecimiento de la empresa y genere suficiente valor como para justificar una mejor posición dentro de la misma. He conocido de muchos empleados que apoyan de tal manera el crecimiento de una empresa que abren nuevas áreas de trabajo. Este es el secreto de la mayoría de las empresas que crecen vertiginosamente.

El concepto de valor no tiene barreras de industria, país o tamaño. Conocí a una emprendedora que vendía camisas sin botones a muy bajo precio. Sus clientes preferían tener un producto de buena calidad a buen costo y no tenían problemas en pegarle los botones, una actividad que puede consumir mucho tiempo pero que puede ejecutarse sin necesidad de grandes inversiones en equipos.

Muchas veces nos olvidamos de integrar personas con necesidades especiales. Hoy en día, es mucho más común incorporar personas discapacitadas y con tiempo parcial. Podemos apreciar la capacidad, experiencia y contactos de personas jubiladas que desean trabajar un par de días a la semana. El ambiente de trabajo cuando uno se enfoca en l 'valor' es mucho más eficiente y sano, y esto se transmite en el mensaje que reciben los clientes.

La orientación a la creación y distribución de valor no está bien cuantificada en un estado de resultados: ¿cómo valoramos la eficiencia de un trabajador motivado y leal? ¿O del distribuidor que nos da un trato especial? Esto no es azar, generosidad o personalidad, sino más bien el reconocimiento que no podemos escapar al sentimiento humano y de que nuestras acciones se ven reflejadas en el manejo de la empresa.

Piense en valor, no en precio. Las empresas miden su éxito en términos de valor, no lo limitan a sus márgenes, pues ven el corto, mediano y largo plazo de una manera integrada. Ellos no creen en el dicho: pan de hoy y hambre de mañana.

Ejercicios para cambiar la medición del éxito:

El éxito de una empresa va mucho más allá de ganar dinero, incorporando las percepciones de creación de valor para todos los que interactúan con ella. La mayoría de las empresas NO SABEN como los ven sus relaciones.

1. Cree una tabla con tres columnas.

2. En la primera columna, identifique aquellos actores con los que su empresa se relaciona: Los más fáciles son los clientes, empleados, proveedores y comunidad.

3. Agregue bajo la misma columna otros actores como: bancos, arrendador, transportista, etc.

4. Escriba, en la siguiente columna, y al lado de cada actor, cómo piensa que su empresa crea valor y las razones pro las cuales esas personas estarían interesadas en que su empresa funcione bien y crezca.

5. Pregunte! se sorprenderá con las respuestas y las personas se sentirán muy contentas de saber que los considera importantes.

6. Incorpore las respuestas de sus colaboradores en la tercera columna.

Revise esta lista trimestralmente, permita que sus empleados participen en la evaluación y hagan sugerencias. Este ejercicio le permite fortalecer el papel de su empresa en la sociedad y la red comercial.

Tabla de medición del éxito:

Actores/ relaciones	Valor según gerentes Cómo nos VEMOS	Valor según actor Cómo nos VEN
Clientes		
Empleados		
Proveedores		
Comunidad		
Banquero/a		
Otro _____		
Otro _____		

Cómo establecer el potencial

...del finito al infinito

Las empresas se orientan al crecimiento indefinido. Así, una vez que se posicionan en un área, se expanden a nuevos segmentos, buscan nuevos mercados, o nuevos productos o alianzas, etc.

Las estrategias que la empresa debe seguir son diferentes de acuerdo en la fase de desarrollo en que se encuentre.

Si la empresa aún no ha alcanzado su punto de equilibrio, debe ser lo más flexible posible para captar clientes y no es recomendable establecer un solo tipo de producto o servicio.

Una vez que la empresa haya alcanzado el punto de equilibrio debe comenzar a desarrollar procesos para hacer más eficiente su sistema de promoción, producción, ventas y postventa en los productos o servicios más vendidos.

Posteriormente, cuando la optimización de estos procesos haya aumentado la rentabilidad, disminuyendo sus costos y estandarizando los productos o servicios ofrecidos, es necesario crecer con pequeñas modificaciones en base a los requerimientos de los clientes existentes, expandiendo su rango de ofertas.

Los negocios, en cambio, tienen como fin la estabilidad. Esto no sería tan problemático si no existieran muchas empresas naciendo y creciendo. Los negocios estables tienden a desaparecer muchas veces sin darse cuenta debido a que las empresas competidoras siguen creciendo y les pasan por encima, dejándolos fuera del mercado.

Muchos emprendedores no pueden considerar el crecimiento porque se han comprado un autoempleo y sencillamente no tienen tiempo para más. Hacer crecer una empresa no se trata de multiplicar actividades, sino de pensar diferente.

La orientación al crecimiento entonces implica comenzar a delegar, compartir, ceder, y enfocarse en lo que a uno le gusta, compartiendo la dirección de ciertas áreas de la empresa.

También implica externalizar e incluso puede implicar subcontratar producción. Imagínense todo lo que se necesita si dentro de 10 años su empresa tiene 10 veces más su clientela actual. Claro que a todos nos gustaría que esto sucediera, pero ¿está preparándose para eso? ¿Está buscando los clientes para eso? ¿Está preparando su personal para este crecimiento? En el momento en que comience a pensar en desarrollar su empresa y no su negocio, comenzará a ir en el camino apropiado para dejar de trabajar para su empresa y trabajar en su empresa.

Evalúe otros sistemas de crecimiento acelerado: franquicias, alianzas estratégicas, licencias, adquisiciones o fusiones con otras empresas.

Ejercicios para enfocarse en el crecimiento:

Las empresas se orientan al crecimiento indefinido. Así, una vez que se posicionan en un área, se expanden a nuevos segmentos, buscan nuevos mercados, o nuevos productos o alianzas, etc.

1. Establezca parámetros de crecimiento en dos áreas: ventas (productos y servicios nuevos, estables y obsoletos), y operaciones (manejo de costos y eficiencia).

2. Revise su capacidad de respuesta al mercado en su situación actual y establezca qué requiere una vez que sus ventas superen esa capacidad.

3. Enfóquese en el trabajo que más le guste hacer, y prepare su empresa para delegar aquellas actividades que no le apasionan tanto a otras personas o empresas (revise el ejercicio de los modelos de negocios).

4. Seleccione un proceso a delegar y una persona para ejecutar el proceso.

5. Establezca un sistema de evaluación de la persona y del proceso. Involucre a la persona en su propio desarrollo. No tiene sentido delegar si Ud. va a hacer el trabajo. Esto se llama microgestionar la empresa.

6. Evalúe la experiencia y defina lo que debe ajustarse. Realice el ajuste y establezca el proceso de nuevo.

7. Expanda el proceso hacia áreas de la empresa que no desee manejar.

8. Establezca un grupo de gestión de procesos de innovación que funcione para manejar aumento en ventas y disminución de costos.

Tabla para ejercitar la visión de crecimiento

Crecimiento lineal l

Producto 1 (descripción)	Expansión de mercado 1	Expansión de mercado 2

Mercado 1 (descripción)	Expansión de producto 1	Expansión de producto 2

Crecimiento exponencial

Producto 1 (descripción)	Expansión de mercado 1 (nuevos clientes)	Expansión de mercado 2 (nueva región)
Producto base		
Extensión de producto 1		
Extensión de producto 2		

Crecimiento multidimensional

Sistema de Venta 1	Producto 1 (descripción)	Expansión de mercado 1 (nuevos clientes)	Expansión de mercado 2 (nueva región)
	Producto base		
	Extensión de producto 1		

Sistema de Venta 2	Producto 1 (descripción)	Expansión de mercado 1 (nuevos clientes)	Expansión de mercado 2 (nueva región)
	Producto base		
	Extensión de producto 1		

Recuerde evaluar sistemas de franquicias, alianzas estratégicas, fusiones y adquisiciones.

Cómo definir la médula

...del dueño a la empresa.

Cuando las mayoría de las empresas se forman, son una extensión de la persona. Las empresas no toman decisiones, las personas sí. Cuando una empresa está en la fase de implementación es imprescindible que una persona se haga responsable por su éxito. Esto a su vez se transforma en un desafío para que la misma empresa crezca.

Creo que todos conocemos algún caso de una tienda pequeña donde la cara común y familiar del dueño/a era el "alma" de la empresa. En las etapas iniciales es muy difícil separar el éxito de la empresa del éxito de la persona. Pueden quedarse así indefinidamente o fortalecerse con las interacciones de otros. Es como un hijo –dijo una vez una empresaria- al que hay que hacerle las preguntas adecuadas, respondérselas y dejar que se desarrolle. Cuando el foco central de importancia es la empresa se toman mejores decisiones.

Veamos un ejemplo, años atrás recibí la llamada de mi peluquera. He llegado a admirar muchísimo a esta mujer que no tuvo una infancia feliz y ha pasado por muchísimos abusos y con dos hijos y dos divorcios a cuestas ha logrado tener su negocio y su casa. Ella me llamó para pedirme un consejo financiero. Le habían pedido que desocupara su local y estaba pensando expandirse para un local más grande. Esto significaba pasar de vender solo sus servicios (su tiempo de peluquera) a continuar incorporando otros servicios y productos para la venta. Se estaba transformando en empresaria, incorporando una masajista, una pedicurista/manicurista y un asistente de yoga. Asimismo agregaba un pequeño lote de cosméticos y productos para el cabello y la belleza.

Sus servicios eran muy demandados por una clientela que gustaba del trato personalizado y de alto valor.

Era ciertamente una buena idea expandirse. El razonamiento, no obstante, estaba errado. El local que había encontrado era demasiado grande y temía pedir un préstamo bancario, pues si no lograba pagarlo, perdería su negocio y con ello su fuente de trabajo y con ello su vivienda propia. Si bien es cierto que subsidiamos la empresa cuando la iniciamos (pues no nos "pagamos" un salario de mercado mientras hacemos todo lo que requiere una empresa para comenzar), el análisis de la empresa debe realizar independientemente de las prioridades de los dueños.

Ahora bien, como dije al principio, las empresas no toman decisiones, las personas sí, y nadie va a tomar una decisión que lo perjudique a sabiendas. Pero si mi peluquera hubiera separado su análisis personal del análisis de la empresa se hubiera dado cuenta inmediatamente que su clientela no era suficientemente grande como para justificar un local tan grande, o en las condiciones que le presentaban. Era mejor ir a un local intermedio mientras probaba si realmente la parte de venta de nuevos servicios y productos daba los resultados esperados. Esto era lo que la empresa podía justificar a menos que consiguiera un inversionista ángel que le ayudara no solo a financiar sus gastos sino a manejar su crecimiento.

Se decidió por esto último y al cabo de 2 años más volvía a expandirse, eliminando servicios que no habían sido rentables o valorados por sus clientes. Entre ellos servicios de spa, los cuales, si bien eran muy rentables, eran muy difíciles de vender a su clientela existente pues la mayoría pertenecía a un club que daba estos servicios.

Finalmente quisiera reflexionar sobre dejar la empresa. Hace un par de años leí un libro sobre la estrategia de salida y me di cuenta de que yo no había pensado cómo iba a separarme de mi empresa. Formar una empresa no significa que vayamos a morir con ella, o dejársela a nuestros herederos. Yo por lo menos formé mi primera empresa "Dijar (diseño de jardines)" junto con mi familia para tener un ingreso adicional y para explotar un hobby. Lo desarrollamos como un negocio y al no estar presente, acabó en estado vegetativo (pasivamente estable).

A lo largo de mi carrera como emprendedora he aprendido a diseñar estrategias de salida. Por eso, desarrollo mis actividades para que mis empresas puedan ser independientes de mí. Así, muchas personas forman empresas que luego venden, o se asocian, o compran otras, o salen a la Bolsa a vender acciones. Nadie ha dicho que no podamos hacer esto, sencillamente no se nos ocurre que podamos ser el siguiente Microsoft o Google o Boston Consulting Group, tener millones de clientes y miles de empleados satisfechos en algunos años y hacernos multimillonarios. Por eso no dirigimos nuestras acciones hacia este fin. No fijamos metas altas y, en consecuencia, aun si tenemos éxito no estamos a la altura de las empresas más grandes. Todo parte por cambiar nuestra médula.

Los negocios están más orientados a servirnos como alimento para el ego: solo pueden desarrollarse si nosotros estamos al mando.

Ejercicios para centrar el enfoque en la empresa:

Cuando la mayoría de las empresas se forman, son una extensión de la persona. Las empresas no toman decisiones, las personas si. Cuando una empresa está en la fase de implementación es imprescindible que una persona (el emprendedor o el equipo fundador) se haga responsable por su éxito. Esto a su vez se transforma en un desafío para que la misma empresa crezca.

1. Reflexione sobre el propósito de su empresa ahora, en 10 años y cuando Ud. no esté presente. Separe la misión de su empresa como entidad independiente y el propósito de la empresa para su Ud.

2. Evalúe si puede separar su éxito del éxito de su empresa. Considere las decisiones estratégicas que toma con respecto a su empresa si se considera dueño/a de la misma y no su principal empleado! Piense por ejemplo, en contratar a un gerente general y aun así generar ingresos para Ud. como dueño/a.

3. Establezca, conjuntamente con sus empleados, procedimientos para dar mayor libertad de acción, asegurándose de que se mantengan sus requisitos de calidad y costos.

4. Tome vacaciones un par de veces al año y desentiéndase de su empresa completamente. Si aun no puede hacerlo, genere un plan de acción para tomarse una semana dentro de los próximos seis meses.

5. Piense y establezca una estrategia de salida. A largo plazo estamos todos muertos.

Separación de la empresa y los fundadores

1. Propósito

Tiempo	Propósito de la **empresa**	Papel de la empresa en el desarrollo **personal** del fundador	Papel de la empresa en el desarrollo **profesional** del fundador
Inicial			
Corto plazo (__ años)			
Mediano plazo (__ años)			
Salida (__ años)			

2. Evaluación del éxito

Tiempo	Metas de la **empresa**	Metas en el desarrollo **personal** del fundador	Metas en el desarrollo **profesional** del fundador
Inicial			
Corto plazo (__ años)			
Mediano plazo (__ años)			
Salida (__ años)			

Cómo usar procesos,

...de la intuición al uso de la curva de aprendizaje.

Contrariamente a lo que muchos pensaban, en un estudio que hicimos en Chile, los empresarios/as señalaron no creer en la suerte como factor importante para tener éxito, sino en su propio esfuerzo. Este esfuerzo puede aprovecharse aún mas si consideramos que cada acción que realizamos apoya el crecimiento de la empresa.

De esta manera, comenzamos a sistematizar las actividades pensando en delegar para seguir creciendo.

Además, podemos aprovechar la curva de aprendizaje en cada uno de nuestros procesos, en las interacciones con nuestros empleados, asociados y clientes para mejorar nuestros servicios/productos y seguir creciendo y fortaleciendo nuestro negocio.

El trabajo arduo es importante, pero si en lugar de aprovechar el aprendizaje con algún método de captura de conocimiento, necesitamos partir de cero cada vez que ejecutamos una acción, no somos eficientes. Aprovechar la curva de aprendizaje también es lo que hacemos. Aprendemos mediante cursos, talleres, libros, revistas, etc. pues usamos la curva de aprendizaje de los expertos.

En esta lectura, por ejemplo, Ud. está utilizando **mi experiencia y mi curva de aprendizaje.**

Pero también podemos aprovechar la curva de aprendizaje si sistematizamos las actividades que se realizan en nuestra empresa. Ya sé que no podemos sistematizar todas las actividades simultáneamente, por falta de tiempo, pero sistematizar las actividades que son más repetitivas le ayudará a tener más tiempo para crear y pensar en su empresa. Por ejemplo, es conveniente tener un sistema de seguimiento de correspondencia y hacer formatos tipos para responder a proveedores y clientes.

Veamos un caso real: cuando hice el fondo de capital de riesgo Emprendedores S.A., establecí un sistema de evaluación de empresa en base a unos 200 proyectos que habíamos evaluado anteriormente con Ventures Latinas SA, una de mis empresas chilenas. Decidí incorporar a todo el personal del Fondo de inversiones en un taller de evaluación de proyectos, incluso a nuestra secretaria. Adicionalmente, cada viernes nos tomábamos 15 minutos por empresa para discutir la metodología. El resultado fué estupendo. En 3 meses establecimos un sistema de codificaciones que nos permitió dar una respuesta objetiva rápidamente y elaborar una carta con nuestras especificaciones (sobre los puntos positivos y negativos) en menos de 5 minutos. El proceso nunca fué mecánico, pues no podía serlo, pero establecer un proceso nos permitió manejar una avalancha de proyectos y colocar en nuestro sitio una serie de recomendaciones con las principales fallas para mejorar la calidad de las propuestas que recibimos. Puede revisar esto en www.capitalsemilla.cl.

Eventualmente recibimos menos proyectos, pero la calidad de los mismos, basados en nuestros criterios era muchísimo más alta. Hasta el primer punto de contacto con nuestro fondo podía explicar el porqué de nuestras decisiones a un emprendedor/a, casi igual que un/a analista junior o la propia gerente de la empresa.

También recomiendo curiosear, analizar y aprender sobre cómo otras personas han realizado sus empresas. Para esto, es ideal hacer viajes de negocios o incluir paradas de negocios en sus viajes y leer muchos libros. Al darnos cuenta de que podemos observar cómo otros hacen sus empresas, estamos incluyendo buenas prácticas y eliminamos malas prácticas, somos más eficientes y tenemos más tiempo libre para seguir pensando en la empresa y desarrollando estrategias. Hacer esto a varios niveles en la empresa es sumamente importante, de manera de que no sea la intuición sino bases sólidas y procesos los que permitan tomar y comunicar buenas decisiones o cambiarlas si es necesario.

Ejercicios para crear procesos y aumentar la eficiencia:

Las empresas fabulosas poseen sistemas que permiten su manejo y crecimiento con bases sólidas. No es la suerte sino la sistematización de actividades y el aprovechamiento del conocimiento producto de la experiencia, lo que genera éxito.

1. Escriba una lista con las actividades que le quitan tiempo y que pueden ser mecanizadas, como por ejemplo, cartas tipo, contratos.

2. Priorice aquellas actividades que puede mecanizar para ser más eficiente.

3. Prepare un plan de acción para mecanizar actividades que son repetitivas. Ejecútelo personalmente.

4. Describa un proceso y deléguelo a alguno de sus empleados.

5. Evalúe los resultados y permita que su empleado describa el proceso.

6. Al menos una vez al mes, reflexione en cómo hacer su empresa más eficiente y revise si se están siguiendo los lineamientos que usted estableció.

7. Involucre a sus empleados en actividades de estandarización y automatización. Prémielos con reconocimiento.

Sistematización de actividades

Actividad repetitiva y mecanizable	Prioridad	Proceso para delegar

De un negocio a una empresa

En casi todos los casos que conozco, no existe una declaración de los empresarios/as con respecto a estas diferencias. Una pregunta recurrente es cómo transformar un negocio en una empresa, o cómo liberarse del estrangulamiento que produce manejar una empresa propia cuando es pequeña. Hay muchas grandes compañías que se transforman en negocios y vemos después cómo desaparecen. Igualmente los negocios pueden transformarse, consolidándose en sus mercados y creciendo continuamente.

Clientes tipo monedas o billetes

Esta discusión está inspirada en tres conversaciones que tuve recientemente y que reflejan los dilemas que nos tocan a diario. Carlos y Nicolás manejan empresas con tecnología innovadora, una en Australia y la otra en Nueva Zelandia. Ambos son gerentes con una tremenda capacidad de crear y manejar estrategias y ambos se encuentran reflexionando sobre lo que deben cambiar. Para aquellos que nunca han manejado una empresa de tecnología de punta, cambiar es lo más común. Innovar es parte del día a día de una empresa de tecnología, pero donde tienen problemas es en su análisis de mercado. Ellos están pasando por lo que yo llamo el dilema de las monedas o los billetes. Le comenté esto mismo a mi prima que está abriendo un centro holístico en Nebraska y también le hizo mucho sentido, así que espero que genere reflexiones muy estimulantes.

Yo siempre pensé que el error más común con respecto a la comercialización de innovaciones estaba en el cálculo del precio y las condiciones de venta. Sencillamente porque el precio es el factor que tiene mayor impacto en la rentabilidad y la viabilidad de una empresa. Establecer el precio es un arte y una ciencia, que integra el observar el mercado y la posición propia en ese momento y en el futuro.

Un bajo precio no implica un bajo costo. Un precio alto no implica un costo alto. Como ya lo discutimos en la sección de crear valor vs ganar dinero, ya Ud. sabrá que yo prefiero evaluar el valor que se agrega. Como indicamos en la sección anterior, las empresas crean valor. Igualmente, los clientes crean valor para la empresa y para escogerlos hay que hacer una evaluación en base al valor que agregan. A continuación conversaremos sobre cómo escoger clientes.

Estoy segura de que Ud. podrá pensar en clientes a quienes no le interesa servir. Mas aun, hay clientes tóxicos. Hay personas que son sencillamente imposibles de complacer, igualmente hay empresas que son sencillamente imposibles de beneficiar. Está claro que a nadie le interesa tener un cliente que no pague, dé una mala imagen y agobie a los empleados o a uno mismo, y sin embargo, ellos existen. Esto es lo que yo llamo los clientes moneda, el retorno es demasiado bajo. Hay otros clientes que hacen nuestra vida mucho más agradable pues aprecian nuestro trabajo y están dispuestos a pagarnos un precio razonable para nosotros. Son los que llamo clientes billete. El valor que crean es alto.

El dilema de clientes moneda versus billete ayuda a establecer la manera en que trabajamos. Dejamos de trabajar duro y comenzamos a trabajar inteligentemente. En mi definición, los clientes monedas aportan muy poco a la rentabilidad (o sea su relación precio/costo es baja). Los clientes billete tienen un impacto muchísimo mayor en la rentabilidad. Estos clientes billete no son clientes moneda con más dinero, son clientes a quienes la empresa puede ofrecerle un valor mayor, incluso si están en industrias diferentes, o que requieren un esfuerzo pre y post venta menor.

Definitivamente el pensar en clientes moneda o billete ejercita el pensamiento estratégico. A veces encontrar los clientes billete requiere de pensar creativamente, de cambiar la oferta o de captar mercados totalmente diferentes. No evalúe sus clientes por sus compras solamente, sino por la relación de beneficio entre ingresos y costos.

Cuando podemos pensar en los clientes billete podemos dedicar nuestros esfuerzos concentradamente en captarlos, y decirle que no a los clientes moneda. Mas aun, cuando una empresa entiende la diferencia entre clientes moneda y clientes billete puede conscientemente dejar de perseguir a clientes moneda. Solo así tendrá los recursos (tiempo y/o capital) necesarios para dedicarse a aquellos clientes que realmente van a sostener la empresa y ayudarla a crecer.

El truco está en ser selectivo y establecer sus propios criterios. La conclusión irrefutable es que si vende su tiempo por monedas, eso es lo que recibe. Ud. tiene el control y puede hacer algo al respecto. Si solo encuentra clientes moneda, tiene al menos dos opciones: encontrar a aquellos que se sienten agradecidos y fascinados de haberlo encontrado –y para quienes agrega un alto valor- o transformarse para aumentar su valor. Sencillamente DEJE a los clientes moneda, está perdiendo su tiempo y sus recursos. Observe que estoy hablando de valor y no necesariamente de dinero, pues hay clientes con los que yo nunca trabajaría independientemente del pago. El dinero debe ser parte de los criterios, pero no el único.

Ser exigente es necesario para lograr sus metas. Aun si la situación de la empresa es inestable. Ud. no quiere llenarse de trabajo poco valorizado. Terminará frustrado, sin un margen para contratar a otras personas y crecer, con mala imagen y puede hasta terminar con una vida personal muy limitada y una salud deteriorada. No venda su tiempo, venda su inteligencia, su capacidad de hacer cosas. No compita por precio sino por valor. Si solo consigue clientes monedas, reinvéntese en base a lo que el mercado necesita y no consigue.

Si su empresa es estable, reflexionar sobre clientes moneda o billete es muy útil. Cuando no somos exigentes alcanzamos un estado que no es ideal y nos molestamos, nos preguntamos casi inconscientemente: ¿valdrá la pena? Y nos frustramos. La idea no es estar llenos de trabajo sino hacer un trabajo estimulante que nos dé el valor que deseamos y nos de libertad, no amarguras.

Planificar inteligentemente es imprescindible. Conozco muchas personas que planifican y no logran sus metas, pero no conozco a nadie que logre sus metas sin planificar. Entonces ¿por qué hacerlo? Pues planificar y evaluar la ejecución no garantiza el éxito, lo precede.

Es cierto que no podemos controlar todo lo que pasa a nuestro alrededor, pero sí podemos controlar el cien por ciento de nuestras acciones.

A veces nuestros esfuerzos por captar clientes billete fallan, y es entonces cuando debemos contar con un proceso de reflexión y estudio del mercado para entender cuáles son las reglas de ese mercado y mejorar nuestra oferta. Nunca he logrado entender por qué unas personas o empresas se empecinan en captar clientes que no los valoran. Espero que sea por lo que me comentó un estudiante: es que nunca había pensado en eso.

¿Qué pasa si no encuentra a los clientes billete? Pues hay que cambiar la oferta, la estrategia o incluso subir el precio. Siempre habrá clientes que no aprecien o valoren adecuadamente nuestro trabajo. Servir a estos clientes es posible si conseguimos una manera de bajar los costos, como por ejemplo Craiglist y ebay, ambas empresas de internet en las que los usuarios ejecutan muchas actividades disminuyendo los gastos de marketing, de ventas, de transacciones o de seguimiento. También es posible ayudar a los clientes moneda a convertirse en clientes billete. Sobretodo si pensamos correctamente, haciendo un análisis no solo del ingreso sino de la relación ingreso/costo en base al valor que estos clientes le generan a la empresa. Por esta razón, es posible hacer una 'oferta especial' a un cliente que difunde a los medios lo maravilloso de nuestros productos o servicios. O dar servicios 'freemium' que es una combinación en inglés de gratuito (free) y superior (premium). Este es el modelo de yahoo.

Tener clientes billete es sumamente atractivo pues la rentabilidad aumenta, se utilizan menos recursos y se logra más en menos tiempo. No se trata de vender más caro, sino de pensar estratégicamente, para que los clientes sean más rentables. Los clientes moneda consumen mucho tiempo para el beneficio que agregan. Enfocarse en los clientes billete permite liberar recursos para experimentar, disfrutar, crear, contribuir, fortalecer o sencillamente pensar. Por ejemplo, muchos sitios interactivos en internet hacen que el cliente ejecute la búsqueda, teniendo un ahorro en costos.

La próxima vez que se sienta frustrado por la falta de recursos piense si sus metas están en clientes monedas o billetes y explore si ser selectivo puede cambiar los resultados.

Preguntas para evaluar si tiene un negocio o una empresa:

Una vez que haya terminado este capítulo vuelva a preguntarse:

1. ¿Cuantos días puede sobrevivir mi empresa si yo no estoy presente?

2. ¿Cómo puedo evaluar la creación de valor para clientes, empleados, proveedores y comunidad?

3. ¿Qué pasos estoy tomando para que mi empresa pueda seguir creciendo?

4. ¿Cuales procesos puedo comenzar a establecer para que pueda ir delegando?

Finalmente recuerde que las empresas no toman decisiones, las personas si. Es Ud. y no la suerte ni la industria, quien decide si tiene un negocio o una empresa.

Parte III.

Financiamiento fabuloso

Generalmente el financiamiento es un verdadero dolor de cabeza para los emprendedores.

Si Ud. ha decidido manejar una empresa, no podrá ignorar este tema. Entender las finanzas es imprescindible para crear e implementar su empresa.

En esta parte nos enfocaremos a presentar las bases de los estados financieros típicos: el estado de resultados, el balance general y el flujo de caja, desde un punto de vista estratégico.

Posteriormente explicaremos las fuentes de financiamiento para ayudarle a escoger la que más se adecúe a sus necesidades e intereses.

Entendiendo las finanzas

El tema de finanzas es recurrente en todas las conversaciones con emprendedores. Para hacer empresas fabulosas es imprescindible tener conocimientos de finanzas aun cuando se tengan empleados o proveedores (consultores, contadores, etc.) especializados. Todos los gerentes de empresas fabulosas saben interpretar estratégicamente los estados financieros. Todos saben tomar decisiones en base al costo de capital y el retorno de la inversión.

En esta sección explicaremos como entender e interpretar los tres estados financieros básicos: el estado de resultados (o estado de pérdidas y ganancias), el balance general, y el flujo de caja. Sin conocer la base de estos estados no es posible entender su complejidad a medida que la empresa crece. La ignorancia de los conceptos financieros dificulta el financiamiento de una empresa, pero mas aun, su supervivencia y desarrollo. Tanto así como la ignorancia con respecto a la alimentación puede tener consecuencias negativas en el desarrollo de un niño.

Finalmente explicaremos cómo financiar las actividades de una empresa utilizando patrimonio, deuda o financiamiento sin capital.

Si Ud. maneja o piensa manejar una empresa debe realizar y APROBAR un curso completo de finanzas por una entidad reconocida profesionalmente en su país. El manejo de las finanzas de su empresa es SU RESPONSABILIDAD. Hágalo bien o deléguelo bien.

Qué nos dicen las finanzas

Todo aquel que haya comenzado una empresa ha vivido en carne propia que la felicidad es un flujo de caja positivo. Este es un principio básico del financiamiento de nuevas empresas: Hay que tener efectivo, en "caja" (o sea en algún lugar físico) o en una cuenta bancaria. Entender el flujo de caja es crítico para la supervivencia de una empresa pues lo único que hace inevitable el cierre de las empresas (el quiebre) es la falta de capital para cubrir los compromisos adquiridos. Esto se maneja en el flujo de caja.

Para la mayoría de los emprendedores, el flujo de caja es menos importante que el resultado de pérdidas y ganancias. ¡Grave error! No hay nada como un flujo de caja saludable. Al menos hasta llegar al punto de equilibrio[5].

Una empresa puede ser rentable y quebrar porque no cuenta con el dinero para cubrir sus gastos. Entender esto es todo un desafío. Contar con dinero en caja para pagar los compromisos es un principio muy simple; sin embargo, muchos emprendedores y administradores de empresas se olvidan de este gran detalle. Para muchos, el análisis financiero parece intimidarles, independientemente del tamaño de la compañía. Es posible que el equipo gerencial, cómodo con los aspectos financieros, no pueda ser capaz de enlazar las decisiones estratégicas y financieras. Lo más triste del caso es que los estados financieros básicos son el resultado de estrategias, no obra de la casualidad, y

---

[5] El punto de equilibrio es el punto en el que los ingresos son iguales a los egresos y la empresa puede pagar sus costos sin inversiones.

evaluarlos periódicamente puede salvar a la mayoría de las empresas de una muerte segura.

En esta sesión queremos asegurarnos de que Ud. entienda la importancia de conocer finanzas y no dejárselo a los contadores:

• Solo cuando una empresa cuenta con el dinero para pagar sus compromisos está viva.

• Nadie puede sustituir la preocupación del propietario de la empresa. Es su responsabilidad aprender de finanzas.

Veamos algunos casos de emergencias financieras:

Participé como inversionista ángel en una empresa en Texas, importando zapatos y carteras desde la India. Nuestro proveedor nos daba 30 días de crédito pero exigía una compra mínima de 5 mil unidades por pedido y al menos 24 unidades iguales y le tomaba 90 días despachar el pedido. Estratégicamente habíamos decidido NO colocar una orden hasta tener suficientes preventas como para cubrir los costos del primer pedido. Después de 3 meses de trabajo y más de 100 visitas, obtuvimos compromisos de compra por 1200 pares para 6 tiendas. Esto nos permitía importar el pedido mínimo. Nuestra inversión hasta el momento había consistido en la adquisición de muestras, algo de imagen corporativa (logo, web, tarjetas y catálogos) nuestro tiempo y el costo de traslado para las visitas.

Nuestra estrategia de contar con ventas adelantadas implicaba una disminución en el riesgo, pero, al mismo tiempo, representaba un aumento en el costo del flete. Para llegar a tiempo en cada temporada, debíamos usar embarques aéreos y no marítimos. El viaje por mar demoraba 1 mes más y nos sentíamos más cómodas contando con 10 días de holgura entre la llegada planificada y el día que habíamos ofrecido la primera entrega.

Todo parecía funcionar muy bien, y continuamos nuestras ventas mientras el proveedor preparaba el pedido. Una serie de eventos imprevisibles nos afectaron. Nuestro esperado primer pedido salió con 2 días de retraso de la India a Houston, un huracán en Jordania retrasó el embarque, la aduana en Estados Unidos paró la mercadería para estudiar más a fondo los materiales utilizados (seda o algodón) y nuestra orden estuvo durante una semana, a tan solo media hora de nuestra oficina. La agencia de aduanas no autorizaba el ingreso de la mercadería hasta contar con el resultado de la evaluación de los materiales. Los 10 dias de holgura se pasaron y nuestro mayor cliente canceló su orden por tener 5 días de atraso. Como resultado de la evaluación de los materiales, nuestra mercadería fue re-catalogada aumentando el impuesto de importación del 12 al 37,5 %. Adicionalmente el aeropuerto nos cobró $80 diarios por almacenamiento y el costo de la evaluación.

Necesitábamos agregar US$ 3000 no previstos y acabábamos de perder US$ 5000 de una venta. Mientras tanto habíamos pagado el envío aéreo, los gastos de inspección, y el proveedor esperaba sus pagos. Con la mercadería en el aeropuerto, los clientes esperando y las nuevas tarifas, necesitábamos contar con una opción rápidamente. Podíamos utilizar nuestras tarjetas de crédito y aun así nos faltaban 1.200 dólares. Sabíamos que los clientes estaban esperando la mercancía y teníamos para cancelar los impuestos y al agente de aduana. Conseguimos que el agente de aduana nos diera 3 días para depositar su cheque incluyendo los gastos adicionales de almacenamiento en el aeropuerto. Y pensábamos utilizar el dinero de las ventas para hacerlo.

Recibido el pedido, nos lanzamos rápidamente a entregar los pedidos, cobrar los cheques y depositar los pagos. Al cabo de 2 días nos devolvieron un cheque por mala firma. Volvimos a conversar con el agente aduanal para pedirle un par de días más y lo conseguimos. También convencimos al banco de eliminar las penalizaciones por cheques devueltos.

Volvimos a depositar el cheque devuelto, esta vez con éxito, y tratamos de recuperar al otro cliente sin resultados. Pronto nos dimos cuenta de que teníamos que evaluar al proveedor pues 700 pares de zapatos estaban defectuosos. El proveedor aceptaba la devolución pero el costo del flete para enviar los zapatos para la India era superior al valor de la mercancía. También podíamos recuperar el impuesto de los productos defectuosos pero el costo del agente aduanal era superior, asi que decidimos asumir esta pérdida.

Con nuestras casas llenas de zapatos y carteras pasamos 6 meses vendiendo. Una parte considerable de la mercadería estaba entonces fuera de temporada y tendríamos que rematarla a un precio por debajo del costo. Al final de 6 meses, algunos clientes se mantuvieron pero pidiendo menos mercadería y decidimos no hacer el pedido de invierno. Nuestro pago al proveedor tomó 45 días.

Como habíamos retrasado el pago al proveedor, sus nuevos pedidos consideraban un anticipo del 50 %. Entre las necesidades de capturar nuevos clientes, los gastos extras y la imposibilidad de devolver los zapatos defectuosos estábamos agotadas. Nuestra evaluación financiera nos indicaba que, a pesar de tener ingresos, la rentabilidad era negativa. Hicimos un análisis de nuestra situación y aprendimos que:

- Manejar un plan de ingresos y egresos es imprescindible para saber qué está pasando en la empresa y prever qué puede pasar en el futuro.
- Los eventos inesperados pueden tener un alto impacto en las finanzas y necesitábamos tener un plan de contingencia.
- Es preferible entrar a un negocio CON experiencia práctica en el mercado que pensamos explorar.
- Es imprescindible contar con un colchón para poder solventar las crisis.

Veamos ahora otro caso:

Mi hermana había estado desarrollando sus recetas de familia durante un par de años y había decidido iniciar una empresa de servicio de alta pastelería a empresas. Había logrado un acuerdo con una empresa grande que representaba un ingreso sumamente atractivo. Apoyada por sus amigos y pidiendo préstamos con respaldo de su vehículo y su casa, se lanzó a conquistar esta gran oportunidad. Al fin y al cabo, tenía la venta asegurada.

Convencida de que sus productos eran superiores (y realmente lo eran), visitó numerosas empresas para conseguir compras corporativas para sus productos. Esto hizo que no tuviese tiempo para preparar sus deliciosos bocadillos, por lo que contrató un cocinero y lo entrenó para preparar sus primeras órdenes. Su cliente principal le ocupó el 30 % del tiempo de producción, demandando panecillos y jugos los lunes y viernes. La calidad era inmejorable y todos envidiaban su producto. Decidió entonces comenzar a desarrollar su marca e incluir cajitas con sus logos y contratar un repartidor.

En el primer mes vendió el doble de lo que había estimado, pero sus clientes solo recibían facturas los primeros días del mes, asi que, a pesar de que sus ventas aumentaban considerablemente, su facturación estaba un poco atrazada. Sus amigos y familiares la apoyaron financieramente para poder adquirir los insumos.

Se pasó 15 días esperando la cancelación de las facturas, y 30, y 45... Con ventas en aumento y falta de dinero tuvo que reconsiderar su producción. Redujo el trabajo del cocinero a dos medio días por semana, dejó de vender y comenzó a preparar los productos. Tenía éxito, las ventas aumentaban, pero la cobranza tomaba 90 días, 75 más de lo planeado y no tenía capital para comprar nuevos insumos con la calidad requerida. Su producto tuvo exactamente el éxito supuesto y cada semana llegaban más pedidos. Así pasaron tres meses más y no conseguía cómo cancelar los sueldos, las cuentas de electricidad y gas ni sus proveedores. Finalmente optó por despedir al cocinero y al repartidor. Pudo pagar sus deudas, pero al cerrar su empresa se preguntaba dónde se había ido el éxito.

Ella aprendió que:

- Manejar un flujo de caja (plan de ingresos y egresos) es imprescindible para saber qué está pasando en la empresa y prever qué puede pasar en el futuro.

- Los eventos inesperados pueden tener un alto impacto en las finanzas.

- Es preferible entrar a un negocio CON experiencia práctica en el mercado que pensamos explorar.

- Es imprescindible contar con un colchón para poder solventar las crisis.

Veamos ahora el caso de una empresa de software:

Comencé una empresa con cuatro socios a partes iguales. A los dos meses, el trabajo de programación estaba sumamente retrazado y el socio encargado de la programación no estaba cumpliendo con sus compromisos. En una reunión de emergencia, decidimos subcontratar parte del desarrollo del software que uno de los socios debería finalizar. Habíamos invertido una suma considerable y aun no terminábamos.

Logramos captar financiamiento de un inversionista ángel que nos permitió sufragar nuevos gastos, mientras le seguíamos inyectando dinero propio a la empresa. El nuevo desarrollo del software fué un desastre, 10 meses después contratamos otro desarrollador, y 16 meses después comenzamos de nuevo otra vez. Esperábamos que el socio tecnológico lo supervisara ya que ninguno de los tres socios restantes teníamos experiencia en programación. Eran los tiempos de oro de Internet y sencillamente los programadores no tenían tiempo.

Por otro lado, las empresas que habíamos contactado comenzaron a dudar de nuestro proyecto por los retrasos. Después de casi 2 años, el software finalmente estuvo listo y decidimos dar tres meses de servicio gratuito. Dos socios se retiraron y no pudieron continuar con sus aportes. Les compramos sus acciones. Dos años más tarde ingresó otro inversionista ángel y nos permitió continuar con las inversiones.

Mientras tanto, los socios tuvimos que dedicarnos a generar otros ingresos y la empresa perdió fuerza y liderazgo. Al cabo de 5 años, la empresa estaba agotada, el servicio no encajó y tuvimos que cerrar la empresa. Teníamos usuarios, pero no habíamos generado ningún servicio pagado. Al final decidimos cerrar la empresa, habíamos perdido más de US $ 65,000, pero pudimos liquidar los activos y devolver a los inversionistas ángeles parte de su inversión (¿recuerda la ley de reciprocidad?).

Aprendimos que:

- Manejar un plan de ingresos y egresos es imprescindible para saber qué está pasando en la empresa y prever qué puede pasar en el futuro.

- Es necesario establecer un punto de cierre y ceñirse a esa decisión.

- El impacto de retrasos operativos no solo afecta las ventas sino la imagen de la empresa.

- Los socios no solo deben aportar capital.

- Hay un tiempo limitado para aprovechar una oportunidad.

Estos casos tienen tres cosas en común: son reales, fueron creadas y dirigidas por personas exitosas que sabían preparar estados financieros y, como en muchos casos, sufrían de la miopía de la gestión financiera: "no puede pasarme a mí".

Yo participé en dos de ellas. En un caso consideramos que fue el "azar" lo que nos afectó, en otro caso, el flujo de caja, y en el tercer caso, la baja valoración del servicio (muchos clientes lo utilizaban si era gratis, pero no conseguimos clientes que estuvieran dispuestos a pagar). Si hubiese sabido la distinción entre clientes moneda y clientes billete, habríamos podido enfocar mejor nuestros esfuerzos o cuando menos nuestras pérdidas habrían sido significativamente menores.

Es común que buenos gerentes, que logran aumentos sustanciales en ventas y rentabilidad, subestimen el impacto de estos resultados en las necesidades financieras para suplir materias primas, inventarios y cuentas por cobrar hasta que es demasiado tarde... y demasiado tarde implica tener que ir a su banquero cuando no puede pagar sus cuentas.

En un mundo de intensa prisa y poca reflexión, los empresarios desean respuestas rápidas y fáciles. Con programas avanzados y poco conocimiento conceptual, de nada valen las extensas hojas de cálculos, los engorrosos estados financieros y las presentaciones que sirven para llenar el tiempo y gastar papel. Por eso hay que crear reglas simples, muy simples.

Hay un cuento que me encanta en el que el nuevo presidente de IBM pide una reunión para conocer el estado de la empresa y el equipo de gestión lo recibe con una tremenda presentación. Después de 10 minutos, el presidente desconecta el proyector y dice simplemente: ¿por qué no hablamos de la empresa?

Un gerente fabuloso debe ser capaz de decir: tenemos tantos clientes, que nos compran tanto en dinero y nos generan tanta rentabilidad. Si Ud. no sabe estos números, no está manejando bien su empresa.

¿Qué pasa entonces con los datos financieros? Pues que generalmente se usan solo para reportar los resultados **después de haber implementado acciones** (estrategias o tácticas). No se usan para proyectar el resultado de una estrategia o una decisión estratégica sobre otra. No se usan para analizar opciones, en otras palabras no se usan proactiva sino reactivamente.

Todo puede estar allí: las tendencias, las proyecciones, las metas. Pero lo que es realmente importante es relacionar las decisiones estratégicas con los resultados financieros esperados, incluyendo planes de contingencia que pueden efectuarse cuando ocurre algo inesperado. Si podemos evaluar el resultado de nuestras decisiones en una manera práctica y realista, podemos crear metas reales, alternativas creativas y nuevas soluciones. Asi mismo podemos descartar actividades que pueden resultar demasiado lentas, o "soluciones" que creen otros problemas. Podemos preveer si estamos buscando clientes monedas o billetes.

Las hojas de cálculo por sí solas, no pueden modelar las complejas interrelaciones entre finanzas y estrategias que necesita manejar el empresario. Sin embargo, los miembros del directorio, deben contar con esta información. El flujo de caja permite observar el impacto que cada retraso puede tener en la supervivencia de la empresa. Esta debilidad en el conocimiento financiero puede colocar a la empresa en situaciones de altísimo riesgo, como ocurrió en los ejemplos anteriores.

También es posible observar empresarios que pueden llevar una compañía común hacia una situación privilegiada. Lo que muchos empresarios dejan de considerar es que existen personas con mayores habilidades financieras y que pueden estar trabajando en la competencia, fortaleciendo su situación y debilitando las ventajas competitivas de su empresa.

Espero haberlo convencido de que es necesario afinar sus conocimientos financieros si desea crear una empresa fabulosa y de resaltar que para cualquier empresa es imprescindible contar con el dinero necesario en el momento necesario para cancelar sus compromisos.

Una estrategia financiera saludable

Las claves para iniciar e implementar una estrategia financiera saludable de una manera fácil y práctica, no se discuten mucho en los planes de empresas. Estas claves ayudan muchísimo cuando su empresa es joven, está en crecimiento o cambia de rumbo.

Para iniciarse en el manejo financiero nada mejor que tener metas fijas y establecer los factores críticos de éxito que afectan sus finanzas, o, en otras palabras, el manejo del dinero. Conozca por ejemplo, cuántos clientes tiene o debe tener, cuánto compra cada cliente y cuándo le paga (recuerde los 90 días de pago de la empresa de mi hermana).

Una de las acciones que tomé y que tuvo un grandísimo impacto en mi consultora consistió en colocar un pizarrón grande en la pared sobre mi escritorio. Todos los empleados veían cómo íbamos, si pensábamos cubrir nuestras metas o si teníamos que reconsiderar qué hacer. Tenga siempre presente cuáles son sus metas financieras y acostúmbrese a evaluarlas. Se estará transformando de reactivo a proactivo y le será mucho más fácil evaluar qué cambios son necesarios, si los hay, para alcanzar sus metas.

Es muy sencillo, establezca los factores críticos que necesita conocer, como número de clientes, o ventas por clientes, o número de empleados. Coloque columnas mes a mes, o semana a semana. Y mas abajo coloque los resultados que está esperando y obteniendo: ingresos, egresos y rentabilidad. Integre a sus empleados pues ellos son una fuente invaluable de conocimiento e ideas.

Siempre recuerde que:

- Es necesario contar con dinero en efectivo para muchísimas eventualidades además de los gastos planificados. Si la empresa es muy joven lo más seguro es que no tenga historia como para realizar pronósticos. Revise cuidadosamente sus supuestos, prepare planes de contingencia (qué hacer cuando algo no sucede como planificado) y cuente con un monto de dinero para emergencias. También identifique cuándo detenerse y cerrar la empresa. Nadie se ha muerto por cerrar una empresa, es parte del riesgo.

- El lapso de tiempo para tomar decisiones es corto y ocurren muchas emergencias. Es prácticamente imposible contar con la información necesaria para tomar decisiones cómodamente. Asuma lo que va a ocurrir y escríbalo. Así se dará cuenta de qué tiene que modificar. Planifique para evaluar, no solo para ejecutar.

- En situaciones de alto riesgo, el financiamiento por deuda es poco probable. Aprenda sobre condiciones de financiamiento antes de necesitarlo. Los esfuerzos en conseguir ventas y en reorganizar pagos generalmente dan mejores y más rápidos resultados que la búsqueda de un préstamo. Las mejores alternativas de capital son los fondos propios (el patrimonio o algún préstamo personal), fondos del estado a través de algún programa de apoyo a la PYME (pequeña y mediana empresa), y fondos privados (algún inversionista ángel, un fondo de capital de riesgo, o un fondo privado de una empresa). OJO, NO cuente con fondos hasta no tenerlos en su cuenta. Ya explicaremos esto mas adelante.

Una buena manera de comenzar a establecer la estrategia financiera es organizando los diferentes aspectos en áreas según un flujo lógico. Yo utilizo un sistema para hacer mis empresas, para hacer mis consultorías de estrategia y para evaluar si invierto o no en una empresa. Mi sistema se basa en considerar cuatro grandes áreas y evaluarlas todas las semanas. Hacer el cuadro inicial le tomará menos de medio día. Integrar los resultados y evaluarlos solo le tomará una hora semanal. Haciendo un seguimiento puede ver que está funcionando y que NO.

Recuerde que ASUMIMOS los ingresos y CONTROLAMOS los egresos.

Cómo hacer un plan de seguimiento financiero

- Establezca las categorías a evaluar, tanto en ingresos (compras y número de clientes, factores de mercado externos a su empresa), como en egresos (costos fijos, variables y de inversión)
- Coloque sus expectativas mensuales a lo largo del año.
- Agregue los resultados obtenidos a medida que pasa el tiempo.
- Ajuste sus resultados considerando el costo del dinero o de oportunidad.

Algunas definiciones importantes:

La **oportunidad** (el mercado) es externa a sus decisiones, tómese el tiempo de explorar sus clientes (cuánto van a pagar, cuándo van a pagar y cómo van a recomprar). Posteriormente con estos datos defina los **ingresos**.

Los costos o **egresos** se pueden dividir en tres partes: **costos fijos** (que no tienen nada que ver con sus ingresos, como por ejemplo, el logo o la imagen corporativa), **los costos variables** (que son relativos a las ventas, como la comisión y los gastos de producción), y **costos de inversión** (que son los gastos que no se consumen en un año). Ubique todos sus gastos en estas tres categorías. Esto es lo único que usted realmente puede controlar y lo ayuda a definir cuanto dinero necesita y para qué lo necesita.

Las **fuentes de capital** se refieren al tipo de dinero con el que puede contar para pagar sus egresos. Son ejemplos de fuente de capital: el dinero de los socios destinado a su empresa, los ingresos de la empresa, préstamos de familiares, amigos, bancos u otras instituciones, fondos concursables del estado, y muchos otros.

Establezca una estrategia financiera indicando qué monto va a ser financiado con qué. Haga sus reglas, su propio modelo y evalúelo para adaptarlo a su realidad. Una cosa que me ayudó muchísimo en mis cobranzas fue incluir una nota en todas mis facturas y contratos que dijera: "el cliente acepta cancelar los gastos de cobranzas de todas las facturas con más de 60 días de vencimiento".

Sin un análisis estratégico, las hojas de cálculo y el "jugar" con los números, no son más que eso, un juego.

Si está en la fase de planificación de la empresa, una vez que ha determinado la oportunidad del mercado y escogido cómo capturar esa oportunidad (o en otras palabras, una vez que haya definido su oferta, es decir, cuáles son sus productos y/o servicios), puede comenzar a evaluar las necesidades financieras en términos de:

- Necesidades operativas (capital de trabajo, para mantener el flujo de las operaciones). Esto es la suma de costos fijos y variables.
- Necesidades para activos (generalmente gastos de una vez: la oficina, gastos de instalación o expansión, investigación y desarrollo, etc). Estos son los costos de inversión.

OJO, no hay que olvidar los gastos de transacciones. Por ejemplo, lo que tiene que cancelar por intereses, evaluación o postulación a créditos, consultorías y comisiones, abogados, contadores y registros notariales. ¡Ni le cuento todo lo que he gastado en abogados en los últimos años! Ellos hacen todos mis contratos. Estos gastos extra pueden alcanzar el 10 % del monto que necesita mi empresa.

El éxito de la estrategia financiera se refiere más a la evaluación cuidadosa de los efectos inesperados o negativos a futuro, y en el cuidado para evaluar, seleccionar, negociar y establecer las relaciones comerciales con las fuentes potenciales de fondos, y menos al financiamiento logrado. **Su empresa es exitosa porque no quiebra y es rentable, no porque ha logrado obtener capital. El financiamiento no tiene nada que ver con el éxito.**

Establecer una estrategia financiera permite aumentar las posibilidades de conseguir los montos adecuados, en el momento adecuado, con las condiciones adecuadas. También es más probable evitar las costosas búsquedas de capital o fondos en las fuentes inadecuadas y los desastrosos resultados de una mala selección de los socios.

Existe ya suficiente experiencia como para considerar factible una inversión por patrimonio o no bancaria en una empresa nueva o joven en cualquier rincón del mundo. Lamentablemente muchos abogados, consultores y contadores desconocen estos mecanismos y colocan a los emprendedores en contra de los inversionistas disminuyendo las posibilidades reales de lograr acuerdos exitosos.

En una oportunidad un consultor impidió que realizáramos una inversión. La empresa tenía un modelo muy atractivo, el emprendedor era estupendo, la empresa requería de nuestros fondos y experiencia, y sus abogados nos llevaron durante 8 meses por conversaciones que al final nos exasperaron y decidimos NO invertir. Lo ideal es conseguir un referente válido que haya pasado por la experiencia de recibir capital para entender el proceso.

Capital HAY, lo que no hay son buenos negocios para invertir. Mejor aún, usted puede entrenarse para financiarse sin capital como veremos mas adelante. Sus clientes, proveedores, colaboradores u otros participantes del sistema lo pueden mantener a flote.

Espero que pueda comenzar por preparar su planilla de ingresos y egresos y que se sienta cómodo interpretando lo que pasa y dándose cuenta del impacto del día a día en las finanzas.

Recuerde que:

Asumimos los **INGRESOS** y

Controlamos los **EGRESOS**

Revisemos ahora cuáles son los conceptos financieros que debe conocer y posteriormente de dónde pueden provenir los fondos que necesita para lograr crear riqueza.

Conceptos Financieros

Tres estados financieros reflejan la realidad de una persona, empresa o incluso institución sin fines de lucro en cuanto a sus recursos. El más sencillo es el estado de pérdidas y ganancias, también llamado estado de resultados. Este indica si se generan ganancias con las actividades realizadas. El segundo estado es la balanza de pagos o el balance general, y ofrece una visión de los activos, pasivos y el patrimonio. El tercero es el flujo de caja y se refiere a los movimientos de dinero que entra y sale de la empresa.

Los Estados Financieros responden estas preguntas:

1. **Estado de ganancias o pérdidas**
   ¿Estamos ganando dinero?

2. **Balance General**
   ¿Creamos riqueza?

3. **Flujo de Caja**
   ¿Podemos cumplir con nuestros compromisos de pago?

Si Ud. no dispone de mucho tiempo y solo puede educarse de una pequeña parte de las finanzas, APRENDA SOBRE EL FLUJO DE CAJA. Como explicamos en los casos anteriores, la principal herramienta financiera para determinar los requisitos externos de financiamiento es el flujo de caja. Cuando hablo de requisitos externos me refiero a las necesidades de capital o dinero en efectivo que NO son cubiertas por los ingresos de su empresa. Esto es lo que también forma parte de la inversión.

El estado de resultados

El **estado de resultados** es también llamado **estado de pérdidas y ganancias.** Deberíamos llamarlo al revés, como en inglés (profit and losses), pero vayamos al grano. Todo el objetivo de este estado es dar una idea sobre la capacidad de generar riqueza. Para ello, de una manera muy simple, los ingresos deben ser mayores a los egresos.

Existen métodos sofisticados para evaluar el estado de resultados, sin embargo, en este libro consideraremos solamente las bases de este estado financiero y asumiremos que el objetivo principal de la empresa es vender productos o servicios.

Cómo entender el estado de resultados

Ingresos operativos – costos directos = margen bruto
Margen bruto – costos indirectos (+ ingresos no operativos) = margen neto
Margen neto – impuestos = ganancias y/o pérdidas

En un mundo ideal Ud. termina ganando algo y comparte esta ganancia con varios en el camino: sus proveedores, sus empleados y hasta el estado.

Para calcular su estado de resultados, comience por cuantificar los ingresos operativos, provenientes de sus ventas directas o que estén directamente relacionados con la misión de su empresa (por ejemplo no considere los intereses de las cuentas que tiene en el banco, el ingreso de subarriendo o los prestamos que Ud. o los otros socios le hagan a la empresa).

Cuantifique posteriormente los costos operativos. Estos son los costos directamente asociados a las ventas. Si usted tiene varios productos o servicios incluya el precio y el costo de cada uno en un aparte y así de paso verá cuáles son más rentables o menos rentables. También se dará cuenta de que puede perder en unos para lograr la venta y ganar en otros. Asegúrese de incluir el costo del tiempo tanto en aquellas ventas logradas como en visitar clientes que no adquirieron sus productos o servicios (este tiempo es parte del costo directo). Calcule el margen bruto restando el costo directo de todas sus ventas de sus ingresos operativos. Incluya lo que no ha cobrado, pero ya vendido y entregado.

Adicionalmente considere otros costos que no varían con las ventas (costos indirectos), estos son típicamente sus gastos administrativos. Al igual que el caso anterior, incluya aquí los gastos que debe, aun si no los ha cancelado. Calcule el margen neto restando los gastos indirectos al margen bruto y sumando los ingresos que no son operativos (como intereses o subarriendos).

Finalmente considere los impuestos y gastos de interés por deuda si la tiene. Calcule sus ganancias o pérdidas restando estos gastos del margen neto.

Hay varias modificaciones al estado de resultados que son específicas para cada modelo de negocios. Asegúrese de contar con un experto en contabilidad que pueda explicarle las especificaciones para su empresa.

El balance general

Vayamos ahora al **balance general**. En este caso, se organiza la empresa en tres grandes áreas: activos, pasivos (deuda) y patrimonio. Se le llama balance a este estado financiero porque los activos tienen que ser iguales a la suma de pasivos y patrimonio.

Los activos son las posesiones de la empresa. Lo que pocos emprendedores o gerentes sabes es que los activos deben generan ingresos; hay que hacer algo con ellos. Por ejemplo, el dinero en el banco, una silla, la marca, los inventarios y hasta una patente. Hay activos a corto plazo que se pueden vender rápidamente si la empresa necesita efectivo y activos a largo plazo, que no se pueden vender rápidamente. Esto da una idea de la liquidez de una empresa.

Los pasivos o deuda es lo que 'debe' la empresa, básicamente el valor de los préstamos pero también las cuentas que no ha pagado, como por ejemplo, la cuenta del teléfono. Hay pasivos o deudas a corto y a largo plazo. Las de corto plazo son deudas que se pagan dentro de 12 meses, las de largo plazo se pagan a más de 12 meses.

El patrimonio es el capital propio de la empresa y forma parte, por cierto, un 'activo' en el balance general personal de los dueños del patrimonio.

Cómo entender el balance general

Los activos (posesiones) generan ingresos
Los pasivos (deudas) generan obligaciones
El patrimonio (propiedad) genera recompensa

Activos totales (activos a corto plazo + activos a largo plazo) = pasivos totales (pasivos a corto plazo + pasivos a largo plazo) + patrimonio.

El flujo de caja

Veamos ahora el caso del **flujo de caja**. El flujo de caja considera únicamente el manejo del dinero. Lo que entra en realidad y sale en realidad. Esto es importante pues Ud. puede ser rentable (en el estado de ganancias y pérdidas), estar creando valor (en el balance general) pero irse a la quiebra porque no supo cómo manejar las entradas y salidas de dinero. Mucha gente subestima el atraso en los pagos, o no entiende como endeudarse puede ser bueno, ni cuánta inversión necesita. Esto se aprende manejando el flujo de caja.

Cómo entender el flujo de caja

Flujo = dinero que entra – dinero que sale - inversiones

Todo el dinero que entra = cobranza + otros ingresos (prestamos, aportes de capital, devoluciones de impuestos)

Todo el dinero que sale = pagos + otros egresos (por ejemplo, reembolsos por devoluciones de productos defectuosos, préstamos para socios o empleados, adelantos a proveedores)

Inversión requerida (por deuda o por patrimonio) para cubrir el déficit acumulado cuando no hay suficiente dinero.

El flujo de caja es la diferencia entre lo que sale y lo que entra a la empresa. Un flujo de caja negativo requiere de un aporte de capital o inversión. Esta inversión se logra mediante la creación de una obligación de pago a futuro, o sea, deuda, o la venta de una parte de la propiedad de la empresa, o sea patrimonio.

Con el flujo de caja Ud. también puede planificar y darse cuenta de que va a necesitar una 'ayuda' y puede buscar capital antes de necesitarlo.

Finanzas no tradicionales

Existen tres conceptos adicionales que mis profesores de Babson College nos enseñaron y que nunca tomé muy en serio hasta que tuve que cerrar una empresa.

Estos maravillosos conceptos son: la tasa de quemado (burn rate), el tiempo a cero efectivo (OOC – out of cash) y el tiempo al cheque (time to close).

La **tasa de quemado** se refiere a la cantidad de dinero que debe reponerse para seguir manteniendo un flujo de caja positivo. Está relacionado con el tiempo. Mientras más pequeña sea la empresa, más corto debe ser el tiempo a considerar. Recuerde que las personas pueden tomar acciones y por ejemplo, reducir gastos si el tiempo de cierre de ventas o de cobranzas se está prolongando.

El **tiempo a cero efectivo** se define en base a la tasa de quemado y los recursos que se tengan en el momento. Revise sus datos reales y la diferencia con lo esperado cada semana. Así se dará cuenta de cuánto tiempo dispone para tomar acciones.

El **tiempo al cheque** se refiere al lapso comprendido entre el inicio de búsqueda de financiamiento y el momento de recibir el dinero o el "cheque". Este último lapso es subestimado muchas veces, en mi experiencia toma 4-6 semanas más de lo planificado. Recuerde los casos que hemos visto.

Definir estos conceptos en términos reales es imprescindible para establecer la estrategia financiera, pues determinan las alternativas y su poder de negociación con respecto a las fuentes según patrimonio o deuda. El mensaje es claro: si quedan 90 días para llegar a cero efectivo, la situación es delicada. Incluso un lapso de 6 meses puede resultar inadecuado, si lo compara con su "tiempo al cheque". Si se tiene tiempo para obtener el capital/fondo, su poder de negociación con respecto a las opciones, términos, precio y otras condiciones aumenta.

Comience a buscar los fondos antes de necesitarlos, mucho antes. Conversar con un inversionista para conocer sus opiniones mucho antes de necesitar fondos es una oportunidad única. Tome esas observaciones como consultoría gratuita!

Ejercicios para establecer un plan de seguimiento financiero:

1. Establezca las categorías a evaluar en **ingresos** (compras y número de clientes, factores de mercado externos a su empresa) y en **egresos** (costos fijos variables y de inversión)

2. Coloque sus expectativas de ingresos y egresos mensuales a lo largo del año.

3. Agregue, a medida que pasa el tiempo, los resultados obtenidos.

4. Ajuste sus resultados considerando el costo del dinero o de oportunidad. Si Ud. utiliza su tiempo, asígnese un costo por su trabajo y AGREGUE un interés o al menos lo que ganaría si pudiese depositar este dinero en una cuenta de ahorros en su país.

Tipos de financiamiento

Si su empresa necesita dinero para comenzar o para crecer, usted tiene dos opciones. Deuda o patrimonio. Hay una tercera poco conocida que yo llamo: financiar sin capital.

Financiamiento por patrimonio

Las inversiones por patrimonio parten por la persona, las inversiones por deuda parten por la empresa. Cuando se necesita financiamiento externo, hay una serie de factores que afectan las condiciones de los tipos de financiamiento, su costo y su negociación. Ellos son, básicamente los siguientes:

- Logros obtenidos anteriormente.
- Riesgo percibido por el inversionista.
- Características de la industria. Efecto de la tecnología. Nuevos entrantes, competidores.
- Probabilidad de cierre (incluso quiebra) y alternativas de salida previo al tiempo acordado.

- Tasa de crecimiento prevista y sistemas de seguimiento/ reportes.
- Edad y estado de desarrollo de la empresa.
- Tasa de retorno requerida por el inversionista y comparaciones con otras alternativas de inversión del mercado.
- Cantidad de capital requerido y valoraciones previas de la empresa.
- Metas de los fundadores (o emprendedores) con respecto a crecimiento, control, liquidez y recuperación de la inversión propia.
- Poder de negociación en ambos lados.
- Términos específicos de ambos lados.

Los primeros aportantes de capital son los socios fundadores. Aun cuando ellos no posean dinero en efectivo, su capacidad de crear el o los planes de empresas, de pensar creativamente y usar su tiempo y esfuerzo en buscar ventas o generar productos y servicios sin recibir un pago por ello, los hace dueños de una parte de la empresa. La regla de oro es que si usted no se ha arriesgado, no ha demostrado que confía en su empresa, entonces, ¿por qué otros han de hacerlo?. Esta regla de oro se aplica a todos los tipos de financiamiento.

No es suficiente con decir que va a dejar un empleo pues dejarlo por otro con un salario similar y sin un jefe no es tomar un riesgo. Busque la manera de demostrar que Ud. está tomando algún tipo de riesgo antes de invitar a otros a hacerlo. Si Ud. tiene posibilidades de endeudarse personalmente para invertir en su empresa, hágalo. Si prefiere no asumir ese riesgo, no espere que otros lo hagan por usted. En cambio, revise su plan de empresas y haga las modificaciones necesarias. Crezca más rápido, sea más eficiente con los recursos, busque otros mercados, y entonces vuelva a buscar inversionistas. En muchos países existen subvenciones para PYMEs (pequeñas y medianas empresas) que puede aprovechar y que vale la pena investigar. Los emprendedores pueden usar este tipo de financiamiento para financiar parte del capital que necesita la empresa.

Mi recomendación es siempre utilizar fondos propios como parte del aporte de capital. El financiamiento a cambio de patrimonio se utiliza para llenar los vacíos que no llenan los bancos u otros mecanismos de financiamiento por deuda, para mantener cierto control y para disminuir el riesgo de rechazo a créditos. Una persona puede utilizar su respaldo personal para obtener deuda para la empresa. Si el préstamo es a la empresa con el colateral personal, la empresa comenzará su historial dentro del sistema crediticio y tendrá acceso a financiamiento con mayor rapidez. La persona a su vez verá disminuir su capacidad de endeudamiento.

El financiamiento por patrimonio de terceros (no de los fundadores) generalmente se restringe a empresas gacelas, es decir, con un alto potencial de crecimiento exponencial. Normalmente es más costoso conseguir financiamiento a cambio de patrimonio que de deuda, pues se espera que el dinero rinda más que en una opción de menos riesgo.

Los inversionistas que negocian patrimonio no esperan un retorno a corto plazo, pero sí desean reportes a menudo y con mayor nivel de detalle del progreso de la empresa. Ellos han invertido con cierto riesgo y esperan mayores retornos que en el caso de los préstamos, por lo tanto desean saber si el plan aprobado se está cumpliendo. Y si no es así, desean conocer o discutir planes de contingencia o alternativas.

La deuda, como veremos mas adelante, genera obligaciones. El patrimonio genera recompensas. Mi amigo Alex Visic, cuando era gerente de la primera incubadora tecnológica Chilena me comentaba lo difícil que era lograr un balance en la percepción de los emprendedores: "Si perdemos, perdemos todos, pero si ganamos no queremos compartir".

Entender que la deuda genera obligaciones y el patrimonio genera recompensas le ayudará a manejar su empresa más eficientemente.

Para financiar su empresa por patrimonio, es decir, con 'socios', considere estos factores:

- ¿Qué tipo de inversionista necesita? Por favor ni piense en un inversionista mudo. Sáquele provecho y busque uno que lo complemente. Un inversionista es un consultor gratuito.
- ¿Desea inversionistas para siempre (socios/as) o solo para una fase específica?
- ¿Está dispuesto/a a compartir el control y la rentabilidad futura?
- ¿Cuánto patrimonio está dispuesto a dar a cambio? ¿Cuál es la rentabilidad que puede ofrecer?
- ¿Tiene el tiempo como para preocuparse de mantener informados a sus socios, sacar reportes financieros y sentarse a conversar con ellos para hacer lo mejor para su empresa y aún así seguir manejando la empresa? Usted aprenderá a manejar su empresa muchísimo mejor y además podrá planificar el tiempo que requiera para preparar esos reportes.
- ¿Qué tan riesgoso es darle los secretos de la empresa a los inversionistas potenciales? (que van a necesitar esta información antes de que inviertan en usted)

Los inversionistas asumirán una valoración menor si la empresa es más joven y es más riesgosa.

Tipos de inversionistas por patrimonio

Existen varios tipos de inversionistas clásicos por patrimonio: los **fundadores**, **socios capitalistas**, **inversionistas ángeles** y **fondos de capital de riesgo**. Los socios capitalistas no buscan vender su patrimonio en el corto plazo. Los **inversionistas ángeles** y los **fondos de capital de riesgo** buscan apoyar activamente en la dirección estratégica y esperan vender sus acciones en un plazo relativamente corto, máximo 10 años.

Los **fundadores** colocan su dinero así como también su esfuerzo no contabilizado (tipo de financiamiento sin capital, como veremos mas adelante). Las razones por las que los fundadores crean empresas son sumamente variadas, pueden beneficiarse mediante la generación de un autoempleo, la posibilidad de un estilo de vida diferente, la exploración de un hobby, el pago de dividendos o la venta de acciones.

Los **socios capitalistas** generalmente colocan capital y son socios de la empresa, compartiendo ciertos riesgos. Se benefician mediante el pago de dividendos, pueden tener o no un papel activo y no esperan que la empresa crezca rápidamente. Este tipo de inversionistas no coloca presión en la valoración de la empresa ni en el crecimiento rápido. Prefieren la estabilidad a la rapidez de crecimiento. No tienen clara una estrategia de salida.

Los **inversionistas ángeles** son individuos que desean invertir en una empresa joven con capacidad de crecer y apoyarla en su crecimiento. Son activos en su relación con los fundadores y el apoyo en ventas, contratación de proveedores y otras áreas especificas en la industria donde se inserta la empresa. Ellos colocan su propio dinero y generalmente son emprendedores que han tenido éxito creando y vendiendo una empresa y desean apoyar a otros a hacer lo mismo.

Los **fondos de inversión por capital de riesgo** (VC por sus siglas en inglés: Venture Capital) manejan montos mayores, los cuales varían de país a país pero es difícil justificar inversiones de menos de un millón de dólares. Los VC tienen una manera muy profesional y no personal en comparación con otros tipos de aporte de capital. Quien toma la decisión de invertir NO es el dueño del capital, sino un administrador con una trayectoria en finanzas. Los gerentes de los fondos de inversión son evaluados por su manera de escoger y apoyar empresas de alto impacto, cuyas acciones (la propiedad de la empresa) aumentan significativamente de valor mediante la introducción de una innovación en un mercado. Los fondos de inversión por capital de riesgo prefieren el crecimiento ultra rápido a la estabilidad. Se benefician por la venta de acciones a un mayor valor y no por la distribución de dividendos.

Tanto los **inversionistas ángeles** como los **fondos de capital de riesgo** apoyan activamente el crecimiento de la empresa y disminuyen su riesgo comercial. Buscan beneficiarse mediante la venta de sus acciones en un plazo relativamente corto, menos de 10 años. Esta venta de acciones puede ejecutarse mediante la venta de la empresa en su totalidad, una fusión con otra empresa, la recompra de acciones por parte de otros inversionistas, incluyendo los fundadores, o una salida a la bolsa.

En mi experiencia existen todos los tipos de inversionistas en todos los países.

Los inversionistas por patrimonio reciben:

- Parte de la empresa.
- Dividendos a futuro.
- Control sobre decisiones estratégicas.

Ejercicios para financiamiento por patrimonio de no fundadores:

1. Identifique las características de su inversionista ideal. Por favor ni piense en un inversionista mudo. Sáquele provecho y busque uno que lo complemente. Un inversionista es un consultor gratuito.

2. Defina estos parámetros:

   a. Tiempo ideal de la relación: para siempre o por un plazo definido.

   b. Tipo de decisiones que desea tomar (control de la empresa).

   c. Recompensa que puede ofrecer en términos de rentabilidad (en dividendos, no en margen), imagen, prestigio, trabajo y desafíos.

   d. Porcentaje de la propiedad dispuesto a dar a cambio.

   e. Responsabilidades que desea asumir un mayor riesgo.

   f. Estilo de crecimiento: acelerado o estable.

3. Defina qué tipo de reportes está dispuesto a preparar y estime cuánto tiempo puede dedicar a mantener a sus socios informados y cuánto costara esto (en su tiempo y el de su contador).

4. Evalúe el riesgo de darles los secretos de la empresa a inversionistas potenciales en comparación con los beneficios que puede obtener de inversionistas potenciales. Recuerde que van a necesitar esta información antes de que inviertan en su empresa.

Recuerde que existen diferentes tipos de inversionistas por patrimonio: los fundadores, socios capitalistas, inversionistas ángeles y fondos de capital de riesgo.

Los socios capitalistas no buscan vender su patrimonio en el corto plazo y pueden tener o no un papel en el manejo y la toma de decisiones. Son dueños del dinero que invierten.

Los inversionistas ángeles y los fondos de capital de riesgo buscan apoyar activamente en la dirección estratégica y esperan vender sus acciones en un plazo relativamente corto, máximo 10 años. Los ángeles son dueños del dinero que invierten, los gerentes de los fondos de capital de riesgo, no.

Los fondos de capital de riesgo requieren de un crecimiento acelerado y una salida predecible.

Los inversionistas desearán un patrimonio mucho mayor mientras la empresa es más joven y es más riesgosa.

Financiamiento por deuda

La deuda es un concepto fascinante. Generalmente no podemos vivir sin ella y muchos piensan que es un mal necesario. La deuda está compuesta de varios elementos: el **principal** es la cantidad de efectivo que obtenemos en un momento dado; el **interés** es el costo que pagamos por poder usar el principal; el **plazo** es el momento en que nos comprometemos a cancelar el principal, el interés o una combinación de ambos.

El financiamiento por endeudamiento está más relacionado con colaterales e historia, que con ganancias a futuro.

Una empresa que comienza operaciones tendrá dificultad para obtener préstamos bancarios a corto o largo plazo sin una sólida base de financiamiento por patrimonio o deuda en base a la historia de los propios fundadores.

Desde el punto de vista de quien está aprobando otorgarle capital, una nueva empresa no ha probado su capacidad para generar ventas, rentabilidad, y efectivo para pagar siquiera deudas a corto plazo. Menos aun puede demostrar que alcanzará un nivel adecuado de operaciones rentables a lo largo de varios años como para optar por un crédito a largo plazo.

Aun considerando un colateral personal, de los fundadores o de los inversionistas, es posible que estas garantías no sean válidas para muchas instituciones bancarias.

Para efectos de endeudamiento, el valor de un colateral como garantía es su valor de liquidación. Este valor no es estático, sino que puede disminuir con el tiempo. Por ejemplo, el valor de liquidación de una computadora disminuye drásticamente con el tiempo hasta llegar a cero.

Recuerde que quien está tomando la decisión de aprobar un financiamiento por deuda NO es el dueño del capital, sino un empleado y su decisión debe basarse en una serie de criterios establecidos fuera de su control. Es muy probable que una aprobación de crédito dependa de un grupo de personas que deben velar por el uso racional de los fondos de los depositantes en la institución financiera. Ellos tienen que cumplir con normas fijadas para asegurar la estabilidad de esta entidad. Yo recuerdo la crisis bancaria venezolana del 94, donde perdí todos mis ahorros por un mal manejo de los ejecutivos de las instituciones bancarias. Piense en su propio capital, y en cómo quisiera que fuese invertido por un tercero, seguramente no le gustaría que otra persona asumiera riesgos sin su permiso.

Convierta a su banquero en un aliado, entienda sus procesos y si es necesario y tiene posibilidades, modifique su petición para que calce con los criterios del banco. Si no puede hacerlo, mantenga el contacto. Un buen banquero le ayudará a ahorrar tiempo y tomar buenas decisiones financieras y también lo podrá poner en contacto con inversionistas ángeles. Los ejecutivos bancarios son mal utilizados por emprendedores fracasados y muy apreciados por los emprendedores exitosos. No se trata de que unos tengan más suerte que otros sino de aplicar la ley de reciprocidad, entender, apreciar y modificar las peticiones de financiamiento para hacerlo posible.

Las deudas pueden clasificarse de acuerdo al momento del vencimiento del principal. Usualmente, las deudas a corto plazo (menos de 1 año) son utilizadas como capital de trabajo y se pagan con las ganancias generadas por las ventas a corto plazo. Las deudas a largo plazo (5 años o más) son utilizadas para adquirir propiedades o equipos que a su vez pueden servir como parte del colateral del préstamo.

Generalmente las deudas requieren de pagos mensuales independientemente del flujo de caja, y es poco probable que una empresa nueva pueda generar ingresos estables y seguros como para poder adquirir este compromiso.

En base a esta distinción, veamos las consideraciones especiales para inversiones en base a deuda para empresas jóvenes, pequeñas o de alto crecimiento:

1. ¿Para qué tipo de financiamiento puede calificar mi empresa?
2. ¿Cuánta deuda puedo pedir? (Pida el máximo que pueda como línea de crédito abierta, pero no lo use a menos que sea una gran emergencia. Le dará paz mental).
3. ¿Cómo puedo manejar los pagos si se altera el flujo de capital previsto? (si mis clientes se retrasan con un pago, si necesito aumentar el inventario, si tengo una emergencia).
4. ¿Cómo elimino o reduzco drásticamente los egresos?
5. ¿Qué pasa si aumenta la tasa de interés? ¿Puedo pagar la deuda?
6. ¿Estoy dispuesto/a a utilizar mis activos personales como colateral? ¿Son aceptables las garantías personales? ¿Cómo disminuyo el riesgo de no pago para la institución financiera?

El financiamiento por endeudamiento es más analítico que personal, por lo tanto los indicadores de la empresas deben ser adecuados.

Es imprescindible asumir el tiempo que le va a tomar reunir todos los requisitos y enviar la información necesaria para mantener bien informado y preparado al ejecutivo bancario en la entidad que lo financia.

También puede esperar recibir cierto tipo de endeudamiento a corto plazo, de los proveedores que puedan darle días de crédito, o extenderle los plazos. Tal vez tenga que pagar algo más, pero compare esto con el costo alternativo de los intereses y del tiempo en manejar la deuda y los reportes que debe entregar al banco.

Como regla general tenga un colchón con el banco. Comience a buscar capital antes de necesitarlo y establezca una relación con un banquero que lo considere especial. En algunos casos mis banqueros me han recomendado clientes o proveedores. Si no siente que su banquero está interesado en su empresa, converse con su banco para cambiar de agente o cámbiese de banco.

Recuerde que a cambio del capital por deuda se genera la obligación de cancelar a tiempo:

- Pagos de intereses.
- Repago del principal (capital prestado).

Deuda buena, deuda mala

Deuda buena es aquella que nos permite generar un valor superior al que nos obligamos a cancelar (la suma del principal más el interés).

La deuda buena típicamente permite adquirir materia prima y equipos para elaborar productos que generen un valor agregado del que Ud. o su empresa puedan beneficiarse después del pago del principal más interés.

Deuda mala es aquella que nos permite adquirir bienes o servicios con los cuales no generamos ese valor agregado, generalmente son gastos que no generan ingresos o cuyo valor es inferior a un costo alternativo. La deuda mala nos permite alcanzar productos y servicios que están fuera de nuestra capacidad de pago a corto plazo pero que a veces no necesitamos. Podríamos por ejemplo ahorrar ese dinero para buscar una oportunidad de inversión y financiar ese gasto con el valor adicional de nuestra inversión usando deuda buena.

La deuda mala limita nuestra deuda buena y con ello nuestra libertad financiera. Cada vez que logramos postergar o redefinir una necesidad de capital (o dinero) de deuda mala obtenemos una ventaja: somos más financiables y tenemos más paz mental.

En estos tiempos de rápida gratificación la deuda mala se está convirtiendo en un virus económico que afecta a individuos, empresas y países. El hecho de poder acceder a capital no implica que debamos expandirnos al máximo de nuestra capacidad de endeudamiento. Esto restringe nuestras acciones en el muy corto plazo y evita que podamos acceder a nuestros ahorros para invertir en verdaderas oportunidades. Al re-evaluar nuestras necesidades de capital y estructurar nuestros costos de manera de ajustar nuestros egresos a nuestros ingresos podemos tener un crecimiento financiero más sólido.

Conocer las diferencias entre deuda mala y deuda buena nos permite manejar nuestros compromisos financieros. Piénselo dos veces antes de endeudarse. Si es deuda mala, evalúe si puede ahorrar y posponer la compra o cancelar de contado. Si la deuda es buena, maximice su retorno y genere una buena imagen con sus acreedores, cumpliendo con sus compromisos y analizando continuamente los beneficios que le brinda la deuda. Recuerde y aplique la ley de reciprocidad. Esto es válido también si está apoyando a otros otorgándoles condiciones especiales de pago.

Deuda buena vs deuda mala:

Evalúe la deuda en base a:

- Impacto de la deuda en la generación de ingresos (no en el patrimonio)
- Costo del capital (interés y tiempo en manejar la deuda)
- Alternativas al gasto de inversión.

Ejercicios para financiamiento por deuda:

El financiamiento por endeudamiento está más relacionado con colaterales e historia, que con ganancias a futuro.

1. Establezca una lista de activos que pueden servir de colateral. Asigne un valor de liquidación a cada activo (este es de un 20 a un 50% del valor contable. NO del valor de compra).

2. Identifique, con la ayuda de su banquero, para cuál tipo de financiamiento puede calificar su empresa en el momento actual y en el futuro. Defina un plan de acción para ser 'bancable'.

3. Establezca un sistema de entrada al sistema bancario: Solicite una línea de crédito abierta, pida el máximo que pueda, pero solo use una pequeña parte – así no la necesite- para crear un historial en el sistema bancario. No use toda su línea a menos que sea una gran emergencia. Le dará paz mental.

4. Evalúe el impacto de la tasa de interés en su flujo de caja.

5. Genere un plan de contingencia con respecto a posibles dificultades del flujo de caja: retrasos en su cobranza, aumento de inventario, o gastos no planificados (reparaciones de equipos). Recuerde que Ud. maneja sus egresos pero asume sus ingresos. Sepa dónde puede reducir rápidamente sus egresos.

6. Si su empresa tiene dificultades para obtener financiamiento por deuda, evalúe si desea a utilizar sus activos personales como colateral y pregunte cómo puede solventar esta situación en el futuro.

Financiar sin capital

Financiar sin capital es una manera muy creativa de manejar recursos. Básicamente se trata de cambiar la manera de pensar con respecto al capital, enfocándose en cómo lograr los resultados sin tener que gastar o pagar por las actividades que pensamos son necesarias para ello. Es común que pensemos que necesitamos capital para hacer cosas. Después de todo, estamos acostumbrados a pensar más en cómo repartir la riqueza que en cómo crearla, lo que nos hace pensar que los recursos son limitados y que tenemos que competir por ellos.

Si usted no puede acceder a deuda o patrimonio, utilice financiamiento sin capital. Para financiar sin capital escoja otros que se beneficien de sus actividades e invítelos a compartir o financiar sus gastos. En este caso su empresa NO usa el capital sino los recursos. Por ejemplo, haga trueques, utilice una oficina prestada, haga promoción cruzada, hable con sus proveedores que se beneficiarán si su empresa crece y puede aumentar sus pedidos.

Este tema me encanta porque permite romper esquemas y abrir un mundo de posibilidades que están allí, pero que no las vemos. ¿Qué pasaría si pensáramos en lo que queremos hacer y en lugar de limitarnos a hacer solo aquello que podemos financiar, nos enfocáramos en descubrir los colaboradores naturales para disminuir drásticamente o hasta eliminar completamente las necesidades de capital? Esta es la base conceptual de financiamiento sin capital.

Veamos algunos ejemplos:

La Escuela de Danzas del Teatro de la Opera de Maracay (en Venezuela) deseaba realizar un evento que conmemorara sus 10 años de fundación. Al mismo tiempo querían honrar la memoria de uno de sus fundadores. Para realizar el evento habría que considerar los gastos de promoción, elaboración de las coreografías, vestuarios, personal, programas, etc. Calcularon que necesitaban el equivalente a unos US$ 10.000 y no contaban con el capital necesario. Una manera de levantar fondos era hacer rifas entre los alumnos o recolectar dinero entre los padres. aún asi, la cantidad necesaria era sumamente alta como para pensar que esta sería una posibilidad real.

La solución fue usar financiamiento sin capital. Un evento conmemorativo requería una presentación de primera. Una presentación con solo los alumnos de la escuela (de 6 a 14 años) no podía financiar los gastos y los padres no estaban dispuestos a financiar este evento. Se pensó en grande y se invitaron a escuelas de danza de todo el país, aceptando 24 escuelas, de muy diferentes estilos de danza. El resultado fue un evento de dos días que llenó el Teatro. La venta de las entradas se hizo con anticipación y se invitaron a colegios particulares con descuento a tener un viaje de estudio para ver las prácticas durante el día. Esto permitió financiar el viaje de las escuelas invitadas.

Cada escuela trajo un documento para la prensa y la mezcla de estilos fue tan interesante que la cobertura enlos medios fue muy amplia. Los padres de los alumnos de la escuela del teatro ofrecieron alojamiento y comidas gratuitamente a los participantes. Algunos utilizaron otro tipo de alojamiento, pero en general los costos se distribuyeron SIN ingresar a la contabilidad del evento ni de la escuela. Las utilidades generadas se repartieron entre todas las escuelas. Planificando de esta manera el capital necesario se redujo a $130, gastos de correspondencia, un 0,13% de lo establecido originalmente, y los beneficios obtenidos fueron de alrededor de $15,000 que, distribuidos a todas las escuelas, permitió un intercambio sumamente interesante y generó un pequeño ingreso. Esta iniciativa dio lugar a otros interesantes intercambios fuera del Teatro a lo largo de los años.

Veamos el caso de Reklamos, una empresa chilena, formada de la fusión de dos planes de empresas. El capital necesario para impulsar esta idea había sufrido altos y bajos. Se habían desarrollado varios modelos operativos, habíamos recibido el apoyo y financiamiento de un inversionista ángel y otras inversiones de los fundadores. Ya el sistema estaba funcionando y la empresa necesitaba el capital para salir al mercado. Calculamos que necesitábamos Ch$ 11 millones (US$ 22.000) para promoción masiva y Ch$ 10 millones (US$ 20.000) en gastos de ventas directa para las empresas. Una de las maneras de hacerlo era levantando más capital, o aumentando la inversión de los fundadores.

Levantar más capital tomaría tiempo y resultaría en una nueva dilución. No teníamos ni el tiempo ni los fondos propios, por lo que decidimos considerar otras alternativas para entrar rápidamente al mercado. Consideramos empresas que se beneficiarían de esta iniciativa y contactamos a cinco buscando sistemas de colaboración. McCann Ericson, una empresa de marketing, se interesó y acordamos intercambiar información por apoyo. Gracias a las sugerencias de los ejecutivos de McCann Ericson, cambiamos el sistema de marketing buscando artículos que permitieran recordar la marca, fuesen de fácil distribución y que no se desecharan. Se seleccionaron cerillos/fósforos, bolígrafos, marca libros, y libros de notas, que repartimos tanto nosotros mismos como nuestros amigos.

Transformamos los esfuerzos de visitas y catálogos en reuniones semanales durante 6 meses con gerentes de servicio al cliente de los principales clientes potenciales, en un café local. En estas reuniones dábamos información sobre servicio al cliente, permitíamos el intercambio entre mejores prácticas y aprendíamos. El costo total de ambas campañas fue de Ch$ 3 millones, ahorrando Ch$ 7 millones en gastos directos y Ch$ 12 millones en sueldos.

Veamos el caso de Peter en Canadá. El había ideado un diseño de tapas para salero y pimentero y soñaba con comercializarlo. Su principal ventaja era que podía graduar la salida de los granitos y no requería de una doble tapa (ahorrando costos para las empresas que fabricaban y empacaban sal y pimienta). Peter era diseñador y no contaba con el capital para crear su propia empresa de venta de tapas y contratar una producción masiva. Calculaba que necesitaría unos $180.000 ($100.000 para producción, $30.000 para promoción, $20.000 para contratos, y $ 30.000 para capital de trabajo). Estaba conversando con amigos e inversionistas ángeles en Canadá para financiar su proyecto.

Como Peter no tenía experiencia manejando una empresa de distribución, y prefería dedicarse a hacer diseños gráficos, se replanteó el modelo de negocios hacia proteger y licenciar su innovación. Los esfuerzos se derivaron hacia conseguir tres expertos: uno en acuerdos de licenciamiento, uno en protección intelectual y uno en comercialización de innovaciones. El capital necesario fue de US$ 15.000. La rentabilidad para Peter aumentó en un 200%.

Juana necesitaba financiar un nuevo local para su gimnasio pues varias de sus clientes preferían una ubicación más cercana a sus casas y sabía que podía capturar otro mercado. Calculaba que necesitaba US$ 65.000 para gastos de instalación y sabía que podría pagar los gastos mensuales con los ingresos. Estaba buscando asociarse con otra persona para abrir el segundo local, pero sabía que sería muy difícil separar ambas unidades o interesar a una persona en un acuerdo que considerara ambos locales.

Utilizando financiamiento sin capital, diseñamos un sistema de afiliación con descuento tipo pre-venta. Se buscó un centro comercial que deseara un flujo de clientes con el perfil de los usuarios del gimnasio y se realizaron promociones cruzadas con los clientes de las empresas cercanas al nuevo gimnasio. El sistema de afiliación por preventas costó US$ 300 dólares. Se demostró el impacto del gimnasio en el flujo del centro comercial y se negoció una tarifa más baja de arriendo. Adicionalmente la promoción cruzada fue costeada por 6 empresas del centro comercial que deseaban captar ese nuevo mercado. El capital necesario para instalar el nuevo local disminuyó a US$ 11.000.

Estos cuatro casos demuestran cómo puede utilizarse el sistema de financiar sin capital para lograr resultados de una manera creativa. Para cualquier tipo de empresa que tenga limitaciones de capital esta manera de pensar abre un mundo de posibilidades.

El financiamiento sin capital NO incluye el uso de fondos del estado que dan apoyo a empresas innovadoras, exportadoras, jóvenes, de minorías o que cumplen con algún requisito generalmente local. Estos son otros tipos de financiamiento interesantes.

Ud. usa financiamiento sin capital cuando le pide consejo a un amigo consultor a quien no le paga por sus servicios. El amigo tiene un interés personal en su bienestar y ese es su beneficio. Ud. usa ese conocimiento sin pagar por él. Recuerde, no obstante de usar la ley de reciprocidad, dele un reconocimiento por escrito o agradézcalo de alguna manera.

Cómo crear un sistema de financiamiento sin capital

- Distinga los usos del capital.
- Identifique el efecto del proyecto o empresa en el mercado.
- Descubra los aliados naturales del proyecto o empresa.
- Cree proposiciones efectivas.
- Planifique un seguimiento adecuado.
- Modifique si es necesario.

Ejercicios para financiamiento sin capital:

1. Genere un pronóstico de egresos en su plan de empresas o su plan estratégico.

2. Clasifique los usos del capital.

3. Identifique el efecto del proyecto o empresa en el mercado.

4. Descubra sus aliados naturales (use su creatividad!):

   a. Clientes,

   b. Proveedores, Instituciones del estado, etc

c. Colaboradores naturales (por ejemplo en las ventas de café con leche, cuando aumentan las ventas de café, aumentan las ventas de la leche. No son competencia, ni sustitutos, son colaboradores naturales).

5. Escoja un par de aliados para desarrollar un mercado específico, escriba una tabla de doble columna con los beneficios para su empresa y los beneficios para su aliado. Asegúrese de crear proposiciones ganar/ ganar.

6. Desarrolle una proposición efectiva. Establezca claramente cuál es su interés y sus ventajas y las ventajas que puede tener esta propuesta para la otra empresa o institución. Esté atento a sorpresas y variaciones. El método de financiamiento sin capital es poco conocido. Idealmente contacte a la persona encargada de marketing, ventas o desarrollo de nuevos mercados.

7. Genere un sistema de 10 pasos para realizar un seguimiento y evaluación.

Recuerde que el financiamiento sin capital implica realizar actividades SIN tener que cubrir los costos asociados a estas actividades

- No hay intercambio de dinero (ingresos o egresos).
- Ambas partes se benefician.

¿Deuda o Patrimonio?

Para financiar una empresa, la idea general es contar con el dinero necesario para poder cumplir con los compromisos adquiridos antes de necesitarlo. En otras palabras, se espera poder pagar lo que se necesite adquirir o usar (esto incluye salarios u honorarios a consultores o trabajadores).

El financiamiento por patrimonio genera una recompensa a quienes colocan SU dinero en la empresa y por lo tanto adquieren una parte de ella. El financiamiento por deuda implica una obligación de repago para quienes NO se benefician de ser dueños de la empresa. El financiamiento sin capital se refiere al uso de recursos sin pagar por ellos (o sea, no se cuenta el capital ni en la parte de patrimonio ni en la parte de deuda).

Patrimonio y deuda son diferentes, pero no son opuestos. El patrimonio es costoso, la deuda es consistente. El patrimonio requiere delegar cierto control sobre la gestión de la empresa, la deuda requiere seguridad en los pagos.

A medida que una empresa se hace más sólida y tiene más historia la relación entre deuda y patrimonio aumenta hasta llegar a un equilibrio un poco inferior a uno, es decir, la cantidad de capital que proviene de deuda se acerca a la cantidad de patrimonio. Una relación saludable entre deuda y patrimonio depende de muchos factores, pero sobre todo de dos: el valor líquido de los activos (cuando se puedan vender) y el dinero que se genera utilizando estos activos.

Los dueños de empresas deben saber balancear la deuda y el patrimonio. A medida que la empresa crece, el monto de deuda puede aumentar y el patrimonio también, pero por razones diferentes.

La deuda aumenta porque la empresa requiere de más capital y puede ser financiable. Cuando una empresa es financiable por deuda se dice que es "bancable".

No tener deuda es poco práctico. Una deuda saludable implica que se puede pagar y que aumenta la rentabilidad de la inversión en patrimonio.

El patrimonio aumenta porque la empresa genera ganancias. Estas ganancias son repartidas entre los dueños de la empresa en forma de dividendos o se acumulan, aumentando el patrimonio.

Veamos ahora el otro lado de la balanza: los activos. Al principio es poco probable que una empresa reciba un préstamo a menos que tenga activos que liquidar.

Una empresa que tenga activos con un valor de liquidación relativamente conocido, como una construcción, maquinarias o equipos tiene más posibilidades de lograr financiamiento por deuda, que una empresa que tiene activos con un valor de liquidación desconocido, como una patente o una marca. El valor de los activos puede construirse. Por ejemplo, todas las marcas y todos los sistemas se han construido. Cuando se venden/ compran empresas, el valor de la marca, el conjunto de clientes establecidos o los procesos puede ser alto, sin embargo, esto no se considera un activo para el caso de la deuda.

Como regla básica siempre es mejor deuda que patrimonio por dos razones: es más barato y Ud. mantiene el control de su empresa.

Utilice deuda cuando pueda demostrar que tiene cómo respaldar más del doble de lo que pide (en activos liquidables) y pueden generar ingresos constantes, creíbles y a corto plazo para pagar los intereses.

Utilice patrimonio cuando pueda convencer a un inversionista de que coloque dinero en su empresa porque va a ser mucho más rentable que otra alternativa, y porque puede tomar decisiones que mejoren la gestión de la empresa.

Recuerde que a cambio del capital por deuda Ud. debe entregar:

- Pagos de intereses.
- Repago del principal (capital prestado).

Recuerde que a cambio del capital por patrimonio Ud. debe entregar:

- Parte de la empresa.
- Dividendos a futuro.
- Control sobre decisiones estratégicas.

Si usted no puede acceder a deuda o patrimonio, utilice financiamiento sin capital. Para financiar sin capital escoja otros que se beneficien de sus actividades e invítelos a compartir o financiar sus gastos. En este caso su empresa NO usa el capital sino los recursos. Por ejemplo, haga trueques, utilice una oficina prestada, haga promoción cruzada, hable con sus proveedores que tal vez puedan darle días de crédito, o extenderle los plazos.

Recuerdo una de las más entretenidas clases con Julian Lange, que se refería a fondos propios como una necesidad imprescindible para optar a buscar más dinero. Los fondos propios, comentaba, provienen de las 3 F: familiy, friends and fools (familiares, amigos y tontos). Realmente la tercera F se refiere a los fundadores. Recuerde que si Ud. no puede demostrar que se está arriesgando, las probabilidades de captar el interés serio de un inversionista van a ser muy bajas.

Constantemente recibimos peticiones de ayuda para financiar o para localizar un inversionista, en algunos casos vemos con preocupación que los emprendedores no han sido capaces de ahorrar para invertir en sus sueños y pretenden que otros, que sí han sabido guardar su dinero, se arriesguen con sus ideas. Conocemos emprendedores que no se atreven a hipotecar sus casas, o sus automóviles, para financiar o compartir el financiamiento de sus ideas, pero pretenden que una persona ajena crea en sus sueños aun cuando ellos no han sido capaces de tener un buen manejo financiero y ahorrar o planificar bien.

Disponer de fondos propios es un gran aliciente al momento de buscar capital. Estos fondos indican un esfuerzo sostenido en el ahorro y permiten compartir el riesgo. Si Ud. genera algun tipo de ingreso, asegúrese de ahorrar al menos el 10 % para futuros usos. Así también estará abriendo camino a su propia independencia financiera, pues para aprovechar oportunidades es necesario contar con capital.

Ejercicios para establecer un plan de financiamiento:

Conocer el origen de sus gastos le permite pensar de una manera más creativa y lograr captar capital para lograr sus objetivos o financiar sin capital.

Conocer el origen de sus ingresos le permite tomar mejores decisiones y aumenta el valor de su empresa.

El plan financiero debe realizarse DESPUES de establecer egresos e ingresos. En base a esto puede seleccionar la fuente ideal de financiamiento.

Recuerde que Ud. puede cambiar su modelo estratégico a su conveniencia. Las empresas no toman decisiones, las personas si.

---

1. Establezca sus **costos** detalladamente. Esto es lo único que usted realmente puede controlar y lo ayuda a definir cuánto dinero necesita y para qué lo necesita. Sepárelos en tres categorías:

   a. Costos fijos (que no tienen nada que ver con sus ingresos, como por ejemplo, el logo o la imagen corporativa).

   b. Costos variables (que son relativos a las ventas, como la comisión y los gastos de producción).

   c. Costos de inversión (que son los gastos que no se consumen en un año). Ubique todos sus gastos en estas tres categorías. (Recuerde agregar los costos de transacciones).

2. Establezca sus pronósticos de **ingresos** en base a sus clientes. La oportunidad (el mercado) es externa a sus decisiones, tómese el tiempo de explorar qué ocurre en su mercado, no sólo con sus clientes. Identifique: Número de clientes (por unidad de tiempo).

    a. Monto promedio de cada venta.

    b. Número de ventas por cliente por período (yo uso meses).

    c. Número de recompras por cliente.

    d. Tiempo total de cobranza (desde el momento de venta al acceso a dinero en efectivo).

    e. Relacione sus ingresos con su capacidad DESPUÉS de haber escogido sus ingresos en base a información de mercado, no ANTES.

3. Establezca las fuentes de capital. Agregue a cada fuente el monto con el que puede contar. Clasifique la fuente en base a:

    a. Dinero de los socios fundadores.

    b. Dinero de otros socios capitalistas.

    c. Dinero de inversionistas ángeles.

    d. Dinero de fondos de inversión.

    e. Dinero de fondos especiales (programas del estado, etc).

    f. Dinero de entidades bancarias o de préstamos.

4. Establezca una estrategia financiera indicando qué monto va a ser financiado con qué:

   a. Necesidades operativas (capital de trabajo, para mantener el flujo de las operaciones). Esto es la suma de gastos fijos y variables.

   b. Necesidades para activos (generalmente gastos de una vez: la oficina, gastos de instalación o expansión, investigación y desarrollo, etc). Estos son los gastos de inversión.

Su empresa es exitosa porque no quiebra y es rentable, no porque ha logrado obtener capital.

El financiamiento no tiene nada que ver con el éxito.

El éxito se determina porque Ud. crea riqueza, el valor de venta de su oferta es superior al valor de la creación del producto o servicio.

Las empresas fabulosas crean riqueza

Crear riqueza es una de las actividades más fascinantes que existen. Es la médula del emprendimiento y va mucho más allá de crear una empresa. Para mí combina tres necesidades básicas del ser humano: logro, uso y contribución. Me siento satisfecha de lograr crear una estructura que funcione, con productos y/o servicios que sean útiles para quienes los usa y que contribuyan al desarrollo socio económico mediante empleo directo e indirecto, impuestos, y beneficios a los financistas.

Establecer o hacer crecer una empresa requiere de una gran pasión y dedicación. La diferencia entre hacer un pequeño negocio y hacer una empresa fabulosa es pequeña comparada con la diferencia entre tener un empleo y hacer un pequeño negocio.

Este libro es una sencilla recopilación de reflexiones a lo largo de varias décadas como emprendedora. Comparto estas reflexiones a veces comparando las culturas latinas y anglosajonas pues son las culturas donde más he trabajado. Veo con tristeza como los latinos trabajamos más y logramos menos. No pretendo resolver todos los problemas, sino más bien dar una punto de reflexión diferente y estimular a los emprendedores a encontrar vías de balancear sus actividades profesionales para que puedan disfrutar su único activo finito: el tiempo. No sabemos cuándo pero sí sabemos que se acaba.

La mayoría de los emprendedores que he conocido son recurrentes, al igual que yo. Una empresa se forma, crece y se independiza. La posibilidad de tener éxito es casi irresistible. Solos, no podemos. Sin planificación, tampoco.

Espero poder sentar las bases de los tres dilemas de la formación de empresas fabulosas.

- No es posible crear una empresa fabulosa si no sentimos pasión por lo que hacemos y no nos encantan nuestros clientes.

- No es posible reinventar empresas si nuestro ego es más importante que el aprendizaje y la delegación. Y, finalmente,

- No es posible financiar empresas fabulosas sin entender los beneficios que podemos ofrecer a quienes creen en nuestra capacidad e ideas.

El emprendimiento crea prosperidad que se distribuye a todos, fomenta la autoestima y estimula la creatividad. No es sustituto para otras necesidades fundamentales de la vida pero es un camino fabuloso.

No se trata de redistribuir la riqueza que otros crean, sino de hacer más grande la riqueza y de repartirla, beneficiando a todos.

Manos a la obra...

Alicia Castillo Holley

Sobre la autora

Alicia Castillo Holley es una emprendedora dinámica y energética. Tiene una amplia experiencia desarrollando empresas desde cero. Ha trabajado en su país natal Venezuela, así como también en Chile, Estados Unidos, Suiza y Australia. Conferencista invitada en varios países en los temas de emprendimiento, capital de riesgo, innovación, cambio y creación de riqueza. Ha dictado cursos a más de 4.000 personas en todo el mundo, desde emprendedores a ejecutivos y científicos. Ha fundado más de 9 empresas y una fundación sin fines de lucro, y ha sido consultora o asesora de más de 500 empresas emergentes.

Castillo Holley fue la diseñadora y fundadora del primer Centro para Emprendimiento en Chile, al alero de la Universidad Adolfo Ibáñez, así como también del primer fondo privado de capital semilla en ese país: Capital Semilla.

Ella es inversionista ángel y apoya organizaciones sin fines de lucro en temas de superación de pobreza y anti violencia, asi mismo asesora grupos económicos en temas de innovación, emprendimiento y capital de riesgo. Ha sido miembro del Comité Chileno para el fortalecimiento de la enseñanza del emprendimiento, del Comité Chileno para biotecnología y del Comité de Western Australia para el fomento de la Innovación.

Antes de desarrollar su carrera como emprendedora, fué una destacada científica en biología molecular, habiendo recibido, a los 20 años, un reconocimiento como investigadora joven en el Primer Congreso Latinoamericano de Microscopia Electrónica, y el premio a mejor tesis de grado como Ingeniero Agrónomo.

Castillo Holley es miembro del Babson Founder's Fund, la Asociación Australiana de Directores de Empresas, y la Asociación de comercialización de propiedad intelectual Leisanz.

A partir del 2005 se radicó en Perth, Australia y viaja dos veces al año alrededor del mundo.

Testimonios

"Si tienes una idea y deseas saber cómo crear riqueza con eso, Alicia es la persona más indicada para ayudarte". *Zuño Kristal, USA.*

"Estoy recién comenzando a poner en práctica las ideas, técnicas y datos nuevos que he obtenido, que me permitirán multiplicar varias veces mi productividad y además dejarme tiempo libre para las cosas que siempre he querido hacer". *Alfredo Del Valle, Chile.*

"Mis sueños se están haciendo realidad y no tengo cómo agradecerte el haberme ayudado a encontrar mi mayor valor". *Carlos Pichardo, República Dominicana.*

"Me estoy esforzando por tener una empresa y no un negocio, gracias." *Inés Pardo, Colombia.*

"Me pareció excelente la distinción empresa-negocio. Si todo el mundo lo tuviera más claro podrían crearse muchas fuentes de trabajo y no habría tanto prejuicio contra los empresarios". *Rafael Larraín, Chile*